A UTOPIA URBANA

Coleção
ANTROPOLOGIA SOCIAL
fundada por Gilberto Velho
dirigida por Karina Kuschnir

- O Riso e o Risível
  Verena Alberti
- Falando da Sociedade
- Outsiders
- Segredos e Truques da Pesquisa
- Truques da Escrita
  Howard S. Becker
- Antropologia Cultural
  Franz Boas
- O Espírito Militar
- Os Militares e a República
  Celso Castro
- Bruxaria, Oráculos e Magia entre os Azande
  E.E. Evans-Pritchard
- Futuros Antropológicos
  Michael M.J. Fischer
- Nova Luz sobre a Antropologia
  Clifford Geertz
- O Cotidiano da Política
  Karina Kuschnir
- Cultura: um Conceito Antropológico
  Roque de Barros Laraia
- Guerra de Orixá
  Yvonne Maggie
- Evolucionismo Cultural
  L.H. Morgan, E.B. Tylor, J.G. Frazer
- A Invenção de Copacabana
- De Olho na Rua
  Julia O'Donnell
- A Teoria Vivida
  Mariza Peirano
- Cultura e Razão Prática
- História e Cultura
- Ilhas de História
- Metáforas Históricas e Realidades Míticas
  Marshall Sahlins
- Antropologia Urbana
- Um Antropólogo na Cidade
- Desvio e Divergência
- Individualismo e Cultura
- Projeto e Metamorfose
- Rio de Janeiro: Cultura, Política e Conflito
- Subjetividade e Sociedade
- A Utopia Urbana
  Gilberto Velho
- Pesquisas Urbanas
  Gilberto Velho e Karina Kuschnir
- O Mistério do Samba
- O Mundo Funk Carioca
  Hermano Vianna
- Sociedade de Esquina
  William Foote Whyte

Gilberto Velho

A UTOPIA URBANA

Um estudo de antropologia social

7ª reimpressão

ZAHAR

Jorge Zahar Editor Ltda.
rua Marquês de S. Vicente 99 – 1º | 22451-041 Rio de Janeiro, RJ
tel (21) 2529-4750 | fax (21) 2529-4787
editora@zahar.com.br | www.zahar.com.br

Grafia atualizada respeitando o novo
Acordo Ortográfico da Língua Portuguesa

1ª edição: 1973 (Zahar Editores; 3 reimp.)
2ª edição: 1989
7ª reimpressão: 2013

Capa e foto da capa: Ana Cristina Zahar
Composição: Susan Johnson

CIP-Brasil. Catalogação na fonte
Sindicato Nacional dos Editores de Livros, RJ

Velho, Gilberto, 1945-2012
V545u A utopia urbana: um estudo de antropologia social / Gilberto Velho. –
2.ed. 2. ed. – Rio de Janeiro: Zahar, 1989.
(Antropologia social)

ISBN 978-85-7110-077-0

1. Copacabana (Rio de Janeiro, RJ) – condições sociais. I. Título. II. Série.

CDD: 981.53
10-5199 CDU: 94(815.3)

Sumário

A Yvonne

Prefácio

Pretendo, com este livro, dar início a uma série de trabalhos sobre o meio urbano, com uma abordagem antropológica. O seu ponto de partida consistiu em um conjunto de trabalhos e na tese de mestrado que fiz no Programa de Pós-Graduação em Antropologia Social da Divisão de Antropologia do Museu Nacional da Universidade Federal do Rio de Janeiro. De agosto de 1969 a dezembro de 1970 frequentei cursos no Programa, como bolsista do Conselho Nacional de Pesquisas, beneficiando-me do contato com professores e colegas. Havendo algum mérito neste livro, deve ser creditado ao clima de debate e discussão intelectual, ali encontrado, que deve caracterizar uma comunidade acadêmica moderna. A preocupação com a pesquisa, com o trabalho de campo é outra característica que considero fundamental para definir e possibilitar um produtivo trabalho de equipe. Embora pudesse citar outras pessoas, limito-me a citar aquelas com quem tive oportunidade de trocar ideias mais intensamente: Dr. Shelton Davis, meu orientador, hoje em Harvard, Dr. Roberto da Matta e Dr. Roberto Cardoso de Oliveira.

Como bolsista da Fundação Ford, pelo Programa, na Universidade do Texas em Austin, no ano de 1971, tive oportunidade de ter contato com vários trabalhos em andamento sobre o meio urbano e sociedades complexas que, obviamente, influenciaram-me. Agradeço, especificamente, aos professores dessa universidade com quem tive oportunidade de realizar cursos: Dr. Richard N. Adams, Dr. Anthony Leeds, Dr. Ira Buchler, Dr. Richard Schaedel, Dr. Henry Selby e Dra. Marcia Hendon. Por outro lado, ainda durante 1971, como bolsista da Fundação Ford realizei pesquisas na Nova Inglaterra sobre o meio urbano, investigando a população portuguesa local, sob a orientação do Dr. Richard N. Adams. Todas essas experiências deram sua contribuição, direta ou indiretamente, para a realização deste livro.

Na condição de professor de Antropologia do Instituto de Filosofia e Ciências Sociais da Universidade Federal do Rio de Janeiro, não poderia ter realizado minha pós-graduação sem o apoio da cadeira de Antropologia, do Departamento de Ciências Sociais, e da direção da Casa.

O auxílio desinteressado de meus alunos foi inestimável no trabalho de pesquisa, nem sempre gratificante. A seriedade com que coletaram muitos dados, aqui apresentados, enriqueceu muito a minha investigação.

Finalmente, quero agradecer a colaboração constante, ininterrupta, de Yvonne Maggie Alves Velho, que em todas as fases do trabalho ajudou-me e incentivou-me.

Introdução à edição de 1989

Copacabana continua sendo um bairro emblemático, carregado de significados para toda a sociedade brasileira. As leituras são diferenciadas, mas a heterogeneidade e a intensidade da vida copacabanense permanecem despertando o interesse e a curiosidade de turistas, intelectuais, visitantes e de seus próprios moradores. Rejeitada por alguns, extremamente valorizada por muitos, Copacabana expressa, dramaticamente, problemas de interação, convívio e tensão social.

Com sua população diversificada sob todos os aspectos, com os contrastes agudos, com os estilos de vida diferenciados, há características únicas no bairro, que fascinam e repelem. São vários os mundos copacabanenses e essa coexistência mais ou menos precária, às vezes conflitiva, muitas vezes cordial, há muito acompanha sua identidade complexa.

Há continuidade nessa história de um bairro famoso. Com todas as mudanças é possível reconhecer um *ethos* particular. Al guns de seus aspectos estão descritos e analisados nesta edição.

Gilberto Velho
Março de 1989

Introdução à edição de 1982

É tentador para toda pessoa que escreve procurar, talvez narcisicamente, encontrar um sentido e uma coerência dentro de sua biografia profissional. *A posteriori*, de certa forma, torna-se mais fácil encontrar e detectar afirmativas, hipóteses que possam ser retomadas e, possivelmente, reafirmadas. Também é tentador procurar enfatizar essa suposta "coerência" que, de certa forma, poderia dar sentido a experiências não apenas profissionais, mas, sobretudo, existenciais, fragmentadas, contraditórias e desordenadas.

Com todas essas ressalvas que não são uma defesa ou justificativa, mas uma procura de estranhar e distanciar-me, releio *A utopia urbana* procurando reencontrar o Gilberto Velho que defendeu sua dissertação de mestrado em 1970 e publicou-a em 1973. Desde então, mais duas impressões foram feitas tendo como única alteração, além das Introduções, um pequeno Anexo publicado na edição anterior a esta.

Hoje, preocupo-me em pensar teoricamente com minha perspectiva atual os dados e hipóteses formulados há mais de dez anos por um jovem mestrando de 25 anos.

Na já mencionada busca de sentido e coerência, gostaria de chamar atenção de que, sem dúvida, desde essa época, preocupava-me com a questão das diferenças, alternativas e projetos individuais e sociais. Ainda sem ter lido Schutz, mal conhecendo Goffman, estava voltado com meu instrumental da época para descrever experiências sociais significativas que pudessem estabelecer fronteiras entre grupos específicos. Sem utilizar os conceitos que hoje elaboro, descrevia um *campo de possibilidades* sociocultural onde atores se moviam, armavam projetos e faziam suas opções. Toda essa problemática está desenvolvida e elaborada no meu último livro, *Individualismo e cultura – notas para uma antropologia da sociedade contemporânea* (Zahar Editores, 1981).

Além disso, preocupava-me com o cotidiano da nossa sociedade e da vida na grande metrópole. Naquela época, o estudo da sua própria sociedade, realizado por um antropólogo, causava certo espanto e tinha um sabor levemente herético. Hoje, esses trabalhos se multiplicam e eu, particularmente, persisto em minha preocupação e tentativa de utilizar a teoria antropológica e sociológica para tentar entender um pouco melhor a experiência social e existencial de meus contemporâneos, dos amigos, e de mim mesmo.

Portanto, com todas as limitações do autor e do instrumental teórico disponível na época em que foi redigido, vejo *A utopia urbana* como um trabalho que abriu uma linha de pesquisa que hoje em dia já não precisa de maiores justificativas. É dessa forma que compreendo que esteja sendo publicada esta nova edição e que eu, como autor, com todas as ressalvas e modéstia que possa, talvez, com esforço, apresentar, seja capaz de ver nisso algum sentido e validade.

GILBERTO VELHO
Janeiro de 1982

Introdução à edição de 1978

Nesta edição mantenho a decisão anterior de nada alterar no texto do livro. Creio que intervir agora no trabalho iria transformá-lo em uma coisa híbrida, que já não expressaria as minhas opiniões e perspectivas da época em que foi originalmente redigido e, por outro lado, seria insuficiente para explicitar as mudanças ocorridas no meu modo de pensar durante esse período. Optei por acrescentar um pequeno anexo com algumas reflexões sobre o que tem ocorrido nos últimos anos em Copacabana e no Rio. Além disso, procuro deixar claros um ou dois pontos que ainda parecem obscuros para alguns leitores.

GILBERTO VELHO
Rio, fevereiro de 1978

Introdução à edição de 1975

Uma nova edição de um livro sempre coloca o autor diante de um impasse. É evidente que havendo um mínimo de autocrítica, acompanhada de mudança em termos de perspectivas, pontos de vista etc., tende-se a pensar em alterações mais ou menos significativas no trabalho original. No meu caso, aqui e ali encontro uma imprecisão que incomoda, uma explicação que falta, um raciocínio nebuloso ou mesmo afirmativas ou conclusões que talvez não expressem exatamente o meu pensamento atual.

No entanto, no caso da *Utopia urbana* os reparos e correções que resolvesse fazer não corresponderiam a nenhum rompimento radical com as ideias e proposições básicas do livro. Talvez pudesse estendê-lo um pouco mais em certos pontos, assumir com maior vigor posições um pouco tímidas, mas de qualquer forma nada disso significaria uma revisão fundamental do que possa haver de mais essencial ou mais polêmico. É por isso que optei por não fazer modificações no texto da primeira edição, acrescentando somente esta introdução. Aqui pretendo apenas trazer algumas reflexões, a propósito do assunto tratado, que me ocorreram nos três anos que separam esta edição da época em que entreguei o original à editora.

Nos últimos tempos tem havido mundialmente uma crescente difusão do que tem sido chamado de "consciência ecológica". Originando-se nos países de industrialização mais antiga, tem chegado rapidamente a diferentes regiões do mundo situadas em níveis os mais diversificados de desenvolvimento tecnológico, industrial etc. Essa preocupação com a preservação da natureza e com a "qualidade de vida" tem tido como um de seus temas centrais as precárias condições das grandes metrópoles modernas – falta de áreas verdes, transporte difícil e desgastante, concentrações demográficas excessivas, altos índices de criminalidade, violência em geral, poluição sonora, visual, envenenamento do ar pelas indústrias, incineradores, automóveis etc. Como eu já mencionara na primeira edição deste livro, no caso brasileiro, particularmente carioca, Copacabana passou a ser o símbolo para as pessoas sensíveis a esse tipo de denúncia, do que havia de pior em termos de condições de vida urbanas.

Sem negar a existência de problemas reais e objetivos no referido bairro, não só preocupei-me em examinar, através de um estudo de caso, essas condições de vida, justamente num dos contextos considerados mais problemáticos – o grande prédio de conjugados –, como também resolvi ouvir, através de entrevistas e questionários, as opiniões do universo em pauta. Trabalhei mais detidamente com uma categoria social específica – o *white-collar* que constitui parcela considerável da população de Copacabana.

Tinha todas as preocupações de um antropólogo quando se defronta com seu objeto de estudo – não ser etnocêntrico, vigiar meus preconceitos e, muito marcadamente nesse caso, não ser *paternalista*. Ou seja, embora tivesse meu gosto pessoal, minhas preferências e idiossincrasias em termos de habitação, moradia etc., procurei controlá-los, embora nem sempre com sucesso.

Essa atitude de procurar entender o ponto de vista do "outro" e de relativizar o seu constitui o cerne do trabalho antropológico. Os maiores sucessos e insucessos estão ligados a essa maior ou menor habilidade, capacidade etc... que não é inata, mas fruto de experiência, tempo e esforço.

A preocupação de perceber as categorias principais e recorrentes do discurso do universo investigado, de captar a lógica que sustentava suas decisões existenciais e, finalmente, de penetrar em uma *visão de mundo* característica levou-me forçosamente a lidar com uma realidade muito mais complexa do que posições superficiais e apressadas podem captar. Assim longe de serem "passivas", "alienadas", as pessoas que observei e entrevistei tinham até uma consciência muito aguda e dramática de suas limitações e possibilidades. Ao valorizarem tanto, "irracionalmente", Copacabana, iluminavam o outro lado da moeda. Querendo tanto chegar ou permanecer no bairro ou na Zona Sul em geral, colocavam em pauta uma precariedade de condições de vida muito mais violenta, de que procuravam fugir ou escapar. Ficou cada vez mais claro que representavam Copacabana como o *locus* das boas coisas da vida. Isso patenteava-se ao contrastarem a vida copacabanense com a da Zona Norte, do subúrbio, da periferia ou mesmo de outras cidades. Enfatizavam o comércio, os divertimentos, a segurança, os "recursos", bens ou qualidades ausentes ou mais raros em outros locais. Sem eliminar a atuação da propaganda, da especulação imobiliária, da "imitação" de estratos mais altos etc... verifica-se a existência de uma estratégia de mobilidade social baseada em estabelecimento de objetivos claros e de um esforço às vezes gigantesco. Sem dúvida, há uma sensação de triunfo com a chegada a Copacabana. As pessoas veem confirmadas suas qualidades pessoais, sua capacidade de alcançar objetivos difíceis etc... Isso não significa que sejam ingênuas e que "se deixam levar pela propaganda". Há uma consciência da precariedade da situação, de sua instabilidade. Daí uma grande tensão que pode até expressar-se em revolta e amargura, em determinados momentos e situações. O fato de acreditarem que exista uma certa fluidez em termos de mobilidade social através da mudança de bairro, de manipularem uma ideologia de sociedade "aberta" ("quem trabalha e se esforça pode chegar a Copacabana") não implica negarem as dificuldades de seu cotidiano. Há, sem dúvida, muitas decepções e desencantos com a vida em Copacabana. O fato das aspirações serem ou não integralmente atualizadas na chegada ao bairro evidentemente é um problema importante, mas talvez mais crucial seja a impossibilidade real, definida e conscientizada pelo universo, de ascender de outras maneiras em termos de status, prestígio social. É este o motor da "ideologia copacabanense". Trata-se de uma grande concentração de recursos numa área pequena e limitada, contrastando com a escassez existente em volta. É claro que existem áreas fora da Zona Sul do Rio de Janeiro mais bem-providas, como é o caso da Tijuca. Mas, em termos gerais, a diferença é gritante. Forma-se um círculo vicioso. O preço dos terrenos na Zona Sul aumenta astronomicamente devido a sua crescente escassez e à enorme procura. A situação hoje em dia chega a um ponto de tal gravidade que providências urgentes para abrir outras alternativas são inadiáveis. A Barra aparece como o novo Eldorado, apresentado como resultado de cuidadoso e criterioso planejamento onde os "erros" de Copacabana não serão repetidos. Sem duvidar das boas intenções e competência das pessoas envolvidas nesse plano, cumpre lembrar que o destino desse e de outros bairros depende de variáveis que extrapolam de muito a área de atuação desse tipo de planejamento. O veloz e implacável crescimento da periferia, a chegada constante de migrantes pressionando outros grupos, a má distribuição de rendas, a explosão demográfica, a escassez de serviços na maioria dos bairros das grandes metrópoles, a política elitista, as prioridades facciosas, a instabilidade do mercado de trabalho etc..., tudo isso concorre para o crescimento desequilibrado das cidades, particularmente das áreas metropolitanas. São problemas que não podem ser resolvidos simplesmente com leis de gabarito, com boas intenções ecológicas, com o estabelecimento de áreas residenciais etc... Essas medidas são paliativos geralmente usados para enfrentar os problemas vividos pelos estratos e grupos mais privilegiados com certa capacidade de autodefesa e iniciativa. Os problemas mais graves, que têm consequências mais profundas e incisivas não só para a cidade, mas para a sociedade como um todo, mal são aflorados ou discutidos, quase como se fossem "fatos da natureza" que devem ser encarados com resignação e fatalismo. Só quando atingem proporções de catástrofe como os recentes episódios na Central do Brasil é que se nota a preocupação de uma atuação mais sistemática e eficiente. No entanto, os problemas são atacados setorialmente, isoladamente, como se o "problema dos transportes" existisse por si só, como se "usuário da Central do Brasil" fosse uma categoria social etc... Este é, exatamente, o outro lado da moeda do problema de Copacabana, da "ideologia copacabanense". Não se trata, evidentemente, de que a maioria dos "usuários" dos trens suburbanos possa montar estratégias de chegada à Zona Sul. São, geralmente, pessoas de estratos sociais mais altos que podem ter essa aspiração. Mas entre esses dois polos, a vida "sofisticada" e "cosmopolita" da Zona Sul e a viagem diária de trem, vários mundos se estendem unidos, no entanto, pela lógica da escassez, da desigualdade. Nesse sentido, a mudança de bairro, de área da cidade, o "mapa do prestígio" corresponde a uma experiência de vida em que a área de manobra é estreita e poucas são as alternativas.

A *Utopia urbana* mostra as dificuldades do cotidiano do *white-collar* copacabanense – os conflitos com vizinhos, a falta de dinheiro para pagar aluguel, o medo da autoridade, a falta de espaço etc. ... São problemas reais e longe de mim pretender refutar as críticas de urbanistas e arquitetos às más condições habitacionais, urbanísticas, do bairro. Cabe ao antropólogo, no entanto, procurar perceber o ponto de vista do morador do conjugado de Copacabana para poder situar o problema no nível das experiências reais desse universo e não de acordo com a experiência de estratos sociais mais altos, sofisticados, intelectualizados, que têm uma margem de opções em termos habitacionais, especificamente, e sociais, em geral, bem maior.

Assim desloca-se o problema. Copacabana, seu crescimento desmedido, sua "irracionalidade" remetem a problemas mais amplos da cidade e da sociedade nacional. A preocupação com a "qualidade de vida" é uma das grandes conquistas do nosso tempo, mas se não for constantemente relativizada e colocada em seu contexto sócio-histórico adequado pode, inclusive, virar uma arma contra seus próprios propugnadores e ideólogos, na medida em que possa mascarar as próprias raízes e origens da problemática. A lição da Antropologia é que o primeiro passo, o mais fundamental, é procurar ouvir e entender a visão de mundo dos grupos sociais que vivem diretamente essas situações e procurar perceber seus pontos de vista, com o mínimo de preconceitos e sem paternalismos.

GILBERTO VELHO
Rio, agosto de 1975

Introdução à primeira edição de 1973

O meu objetivo neste livro é realizar uma introdução a um estudo sistemático do bairro de Copacabana. Não pretendo esgotar esta temática num trabalho de proporções modestas. Pelo contrário, acredito que é indispensável prosseguir minhas pesquisas e publicar trabalhos que venham a dar continuidade ou completar as óbvias lacunas aqui existentes. É claro que esta é uma tarefa aberta a qualquer investigador que venha a se interessar pelo tema.

Morei 18 anos em Copacabana – dos 6 aos 24 anos de idade, de 1952 a 1970. Isto coloca o primeiro problema. A Antropologia, tradicionalmente, tem estudado os "outros" e eu me propus estudar "nós". É evidente que outros autores já o fizeram, mas a Antropologia Urbana ainda engatinha e enfrenta sérios problemas de metodologia. Desta forma, entro num terreno bastante movediço. O estudo de sociedades tribais ou camponesas já apresenta uma vasta soma de resultados e dados que fornece ao investigador, pelo menos, um razoável suporte para o seu trabalho. Há um relativo consenso por onde começar os estudos dessas sociedades, os seus aspectos cruciais – a importância do sistema de parentesco, por exemplo. Na Antropologia Urbana ainda se está muito na fase das intuições, das primeiras tentativas. Há uma razoável polêmica e, relativamente, poucos resultados.

No meu entender, uma das razões para este estado de coisas é uma certa preocupação bizantina em traçar limites rígidos entre o que seja uma investigação "sociológica" e uma "antropológica". Se um sociólogo realiza um estudo de caso mais intensivo, vivendo com seu objeto de pesquisa, seu trabalho pode vir a ser classificado como mais "antropológico", e se, por outro lado, um antropólogo preocupa-se com universos quantitativamente maiores que possam requerer a complementação de um pouco de estatística, será rotulada a sua investigação de "sociológica".

Essa preocupação em marcar áreas exclusivas ou compartimentos estanques pode dificultar muito o estudo da sociedade urbana, que, pela sua complexidade, exigirá o concurso de diferentes *tradições de trabalho*.

De certa forma foi isto o que tentei fazer. Fiz um estudo mais intensivo de um prédio em que vivi um ano e meio, com cerca de 450 moradores. Não podia, no entanto, isolá-lo do bairro, da cidade e da sociedade nacional, arbitrariamente. Por outro lado, Copacabana tem uma história, embora pequena. Tudo isso compõe, condiciona, atua e é o mundo de meus entrevistados, de meu objeto de pesquisa. Devido a tudo isso, acho que há desequilíbrios no meu trabalho. Pelo fato de querer situar ou, pelo menos, definir uma série de variáveis, algumas delas são pouco mais do que mencionadas ou sugeridas. Acho, no entanto, minha obrigação pelo menos fazer isto, em vez de ignorá-las totalmente. A partir desta opção de trabalho abrem-se, evidentemente, várias possibilidades de aprofundamento de alguns temas – por exemplo: o copacabanense e a cultura de massas, a indústria de construção civil e o mito de Copacabana, a importância das relações de parentesco no bairro, padrões de comportamento sexual em Copacabana etc. Isto apenas sugere a infinidade de aspectos a serem estudados e as imensas possibilidades de pesquisas não só para antropólogos, como sociólogos, economistas, psicólogos etc.

Como já disse, morei em Copacabana de 1952 a 1970. Quando cheguei ainda havia muitas casas, alguns terrenos baldios. As ruas eram bem mais vazias, menos automóveis, ônibus e havia bondes. Havia mais "conhecidos". Mas comparando com Grajaú, de onde tinha vindo, era um "outro mundo" – praia, muitos cinemas, muitas lojas, muito mais gente. A maioria de meus parentes morava por ali. Passei a vê-los com mais frequência. Já tinham vindo antes, na maioria originários da Tijuca. Morava em casa no Grajaú, moraria agora em apartamento, num quinto andar. Lembro-me nitidamente de que quando estava para sair do Grajaú anunciava orgulhosamente para a professora e os colegas de escola primária que ia morar em Copacabana. Havia no ar uma certa admiração e, achava eu, inveja. Havia um certo ar "aristocrático" em torno do bairro que me privilegiava.

Não pretendo desfiar recordações sentimentais sobre a minha vida em Copacabana, mas situar-me, enquanto investigador, diante do objeto de pesquisa. Minha família foi para o bairro "para melhorar de vida" e eu não gostaria de voltar a morar na Zona Norte do Rio de Janeiro. Quando saí de Copacabana, permaneci na Zona Sul, nunca admitindo a possibilidade de viver fora dela. É claro que muitas dessas coisas estão claras para mim, agora depois de anos de procura de um certo distanciamento. Quero deixar claro que quando comecei a preocupar-me com o assunto, tinha a minha "imagem" de Copacabana e que era, evidentemente, uma situação bastante diferente de um antropólogo europeu que chega a uma tribo do Leste africano, por exemplo. Faço questão de deixar isto claro, pois este é, talvez, o problema fundamental que o antropólogo enfrenta ao estudar sua própria sociedade. É óbvio que não acredito que esse problema impeça a investigação, mas sem dúvida introduz uma dimensão nova para o trabalho antropológico. Não conheço fórmula ou receita que resolva este tipo de dificuldade, mas acredito piamente na necessidade de um esforço de autodefinição do investigador não só no começo, mas no decorrer de todo o seu trabalho, ou seja, não se trata apenas de manipular com maior ou menor habilidade técnicas de distanciamento, mas ter condições de estar permanentemente num processo de autodimensionamento paralelo e complementar ao seu trabalho com o objeto de pesquisa de que, afinal, ele faz parte.

Ao lado, evidentemente, de ter sido morador de Copacabana, há uma série de outras motivações para este trabalho. Comecei o meu trabalho em Ciências Sociais com Sociologia da Arte.* Estava preocupado com visões de mundo, na melhor tradição de Lukács e Goldmann,** expressas pela obra de arte. Voltava-me para o caráter ideológico da produção artística, expressão de grupos, estratos ou classes sociais. Enfim, estava preocupado, no caso brasileiro, com as tão famosas camadas médias – como pensavam, como definiam o mundo e a si mesmas, quais eram seus valores etc. Sem abandonar esse tipo de preocupação, redimensionei-a. Embora possa continuar acreditando numa certa representatividade de certos setores artísticos brasileiros enquanto camada média, acho possível e desejável buscar outros métodos para se tentar delinear uma ideologia ou ideologias desse grupo ou grupos sociais. Restava saber por onde começar.

Tinha diante de mim o enorme crescimento de Copacabana. O bairro, superpopulado, apresentava uma série de problemas de circulação, higiene, transporte. As pessoas, no entanto, continuavam chegando em grande número. Vinham de outros bairros ou

---

* Ver a Coleção Textos Básicos de Ciências Sociais, volumes I, II, III e IV de *Sociologia da Arte*, organização e introdução de GILBERTO VELHO, Zahar Editores, Rio de Janeiro. Ver também, em *Cadernos Brasileiros*, Ano IX, nº40, março-abril, 1967, "Para que Sociologia da Arte no Brasil?", de GILBERTO VELHO.

** Ver LUKÁCS, Gyorgy, *Histoire et Conscience de Classe*, Les Editions de Minuit, Paris, 1960; *Ensaios sobre Literatura*, Editora Civilização Brasileira S.A., Rio de Janeiro, 1965; *La Théorie du Roman*, Éditions Gonthier, 1963; *Significado Presente do Realismo Crítico*, Cadernos de Hoje, Lisboa; e *Estética*, Ediciones Grijalbo S.A., Barcelona, México, DF.

Ver GOLDMANN, Lucien, *Le Dieu Caché*, Librairie Gallimard, Paris, 1955; *Pour une Sociologie du Roman*, Gallimard, 1964; *Recherches Dialectiques*, Gallimard, 1959; "Um Estudo Sociológico do Teatro de Genet", em *Sociologia da Arte IV*, org. e introd. de GILBERTO VELHO, Rio de Janeiro, 1969, Zahar Editores.

subúrbios, às vezes de outras cidades. Proliferavam os enormes edifícios de conjugados para onde iam pessoas que deixavam, em certos casos, casas com quintal, terreno, no seu lugar de origem.

Antes de casar havia vivido com minha família num apartamento espaçoso de três quartos, dependências de empregada etc. Quando casei ainda era estudante. Meu pai tinha um conjugado, para renda, num desses grandes edifícios e deu-me como presente de casamento. Portanto, não fui morar lá por cuidadoso planejamento científico, mas pelas limitações orçamentárias de dois estudantes de Ciências Sociais. Descreverei o edifício mais adiante, mas basta dizer que foi a motivação final para o meu estudo de Copacabana. Morei no Edifício Estrela, de julho de 1968 a março de 1970. No segundo semestre de 1969 realizei com Yvonne Alves Velho um trabalho sobre o famoso Barata Ribeiro 200* e que foi muito útil para melhor conhecimento do bairro. Depois que saímos do Estrela, um grupo de minhas alunas do Instituto de Filosofia e Ciências Sociais passou a frequentá-lo, fazendo entrevistas com seus moradores. Era, afinal de contas, mais uma tentativa de "controlar" minha situação de ex-morador. Nesse período, também eu e as mesmas alunas aplicamos questionários a copacabanenses não residentes no Estrela. O objetivo era não apenas o edifício, mas procurar ver, através dele, o bairro. Logo preocupei-me com que a amostragem copacabanense fosse baseada num critério espacial. Havia a preocupação de incluir pessoas residentes em diferentes subáreas de Copacabana – do Leme ao Posto 6. Mais adiante explicitarei esta aplicação de questionários e o problema da amostragem.

---

* VELHO, Gilberto e Yvonne, "O Barata Ribeiro 200", datilografado, 1969 (trabalho realizado no mestrado de Antropologia Social do Museu Nacional, na Cadeira de Antropologia Urbana, ministrada pelo Professor Anthony Leeds), p.12.

A pergunta básica, tanto nas entrevistas como nos questionários, era *Por que veio morar em Copacabana?*. O problema que estava diante dos olhos era o imenso crescimento do bairro e, num primeiro nível, queria entender isso. Evidentemente queria saber *quem eram os moradores do bairro*, o que faziam, qual era sua ocupação.

Há neste livro, portanto, três variáveis fundamentais: estratificação social, residência e ideologia. O objetivo é estabelecer relações entre as três. Volto a insistir que não pretendo que este seja o trabalho definitivo sobre Copacabana, e que eu tenha esgotado o exame dessas variáveis. Considero este trabalho apenas o início de uma tarefa bem mais complexa.

Gilberto Velho

1. O BAIRRO

Se tivesse cemitério em Copacabana
eu queria ser enterrada aqui.
(Uma de nossas entrevistadas)

COPACABANA É UMA ESTREITA faixa de terra de 5,2km² apertada entre o oceano Atlântico e as montanhas do litoral carioca. Tem três artérias principais: a avenida Atlântica, a avenida Nossa Senhora de Copacabana e a rua Barata Ribeiro. Uma grande quantidade de ruas corta estas três, constituindo o mapa básico do bairro. Existem três praças principais: Lido, Serzedelo Correia e Cardeal Arcoverde. Incluí o Leme na pesquisa, pois acho indiscutível que constitui com Copacabana, propriamente dita, uma unidade sociogeográfica. Não vejo nenhuma descontinuidade significativa entre as duas áreas. É evidente que a praia é o traço mais famoso do bairro e um dos seus principais elementos definidores. Atualmente a praia e a avenida Atlântica estão sendo ampliadas; segundo a *Revista de Engenharia do Estado da Guanabara*:

"Copacabana terá sua praia estabilizada e ganhará novas áreas com o consequente aumento de capacidade recreativa de potencial turístico, justificando um alargamento maior que o estritamente necessário para atender aos aspectos técnicos do problema, aspectos esses que incluíam, também, a construção de um Interceptor Oceânico, fundamental para o saneamento da Zona Sul."*

* "A Nova Copacabana", em *Revista de Engenharia do Estado da Guanabara*, julho-setembro de 1969. Hoje, julho de 1972, as obras da avenida Atlântica já estão concluídas.

Quem atravessa o Túnel Novo pela primeira vez encontra uma floresta de prédios, geralmente entre oito e 12 andares, quase sempre grudados uns nos outros, com pouquíssimos espaços desocupados. A qualquer hora do dia e grande parte da noite há um enorme movimento de pessoas, especialmente na avenida Copacabana, que apresenta intensa concentração de comércio, vários cinemas, restaurantes, bares, edifícios de escritórios ao lado dos residenciais etc. É uma multidão extremamente variada e colorida, composta de moradores, pessoas que trabalham ali, visitantes, turistas etc. Evidentemente, de acordo com a hora do dia, há uma certa variação no tipo das pessoas que estão na rua. Nas horas mais matinais veem-se trabalhadores de obras, empregadas domésticas, empregados de casas noturnas vindo ou saindo do trabalho, fazendo as primeiras compras etc. A partir de sete horas da manhã, aumentando até as oito e pouco e declinando até as nove e pouco, há um intenso movimento de profissionais indo e vindo para o trabalho e colegiais para as escolas. Já aí estão nas ruas as donas de casa, às vezes acompanhadas de suas empregadas e de filhos pequenos, fazendo compras. Elas estarão na rua, possivelmente, muitas vezes durante o dia, comprando coisas, indo ao cinema, vendo vitrinas, passeando com amigas etc. Há sempre o movimento de ir e vir para a praia, muito mais intenso nos fins de semana e nas férias. Durante a tarde veem-se, em determinados lugares, grupos de homens idosos aposentados. São muito numerosos, por exemplo, os militares reformados que se reúnem em grupos na avenida Copacabana. À noite, especialmente no verão, muitas pessoas andam na rua depois do jantar. Há sempre um grande movimento perto dos cinemas Metro, Art-Palácio, Copacabana até a meia-noite, normalmente fim da última sessão. A apoteose é, geralmente, no sábado. Os bares e restaurantes, vários à beira do mar, na avenida Atlântica, ficam repletos de pessoas. É o dia também em que pessoas de outros bairros acorrem em grande número para se "divertir" em Copacabana. É dia de muitos irem a *boîtes*, a teatros etc. Até o amanhecer de domingo há bastante movimento e agitação em grande parte do bairro, especialmente nas avenidas Atlântica, Copacabana e Prado Júnior e na rua Barata Ribeiro. No domingo, durante o dia, com grande parte do comércio fechado, as ruas estão mais vazias e a praia está repleta desde bem cedo até o fim da tarde.

Copacabana está na chamada Zona Sul da cidade do Rio de Janeiro. Diz o geógrafo Pedro Pinchas Geiger: "Por Zona Sul é conhecida a parte da cidade situada ao sul do bloco montanhoso. Após a abertura do Túnel Velho, esta zona cresceu muito com a incorporação à urbanização de Copacabana, Ipanema e Leblon, sendo que o primeiro transformou-se no mais famoso bairro da cidade."*

A história de Copacabana é bem recente. Apenas no final do século XIX é que passa a ser sistematicamente ocupada. O marco da época é, portanto, a inauguração do Túnel Velho, em 6 de julho de 1892, ligando o bairro de Botafogo a Copacabana. Até então esta era de difícil acesso, havendo necessidade de transpor, para ali chegar, ladeiras íngremes e tortuosas. Com o século XX a cidade atingiu grande ritmo de crescimento, "passando de grande centro comercial portuário a grande metrópole com expressivas atividades industriais. A cidade assume extensões gigantescas e passa a aglutinar uma série de aglomerados que ficam na periferia".**

É evidente que o crescimento do Rio de Janeiro não pode ser dissociado da sociedade nacional, especialmente de seu processo de industrialização. O início deste é anterior ao século XX e o Rio durante muito tempo foi o maior centro industrial do país. Com a Primeira Grande Guerra a industrialização é acelerada e, ao seu final, o

* GEIGER, Pedro Pinchas, *Evolução da Rede Urbana Brasileira*, Centro Brasileiro de Pesquisas Educacionais, Rio de Janeiro, 1963, p.74.
** GEIGER, Pedro Pinchas, idem, p.153-4.

Rio já tem mais de um milhão de habitantes. O crescimento da cidade está ligado também a sua situação de capital do país até 1960. À medida que se tornam complexas as atividades do Estado, cresce fantasticamente o número de funcionários públicos. São conhecidas as histórias de pessoas que vinham para o Rio à procura de um emprego público.

Por outro lado, é necessário entender, de uma maneira mais global, o processo de urbanização brasileiro e inseri-lo no tipo de desenvolvimento capitalista de nossa sociedade, com seus desequilíbrios regionais e com seu caráter de economia satélite. Diz Luís Pereira:

"A *urbanização sociopática* caracteriza, pois, o estado disnômico do sistema nacional de produção-distribuição-consumo em sua etapa contemporânea, apresentando-se de uma parte como resultante deste estado disnômico: enquanto urbanização *tout court* e atuando convergentemente com o aumento demográfico promove a aspiração de um padrão de vida 'material' e 'não material' não atendido pelos setores sociogeográficos capitalistas sufocados e, em conexão, estimula a concentração 'desmesurada' nos setores sociogeográficos capitalistas mais 'dinâmicos', sobretudo nas áreas citadinas, industrializadas. Por isso mesmo, de outra parte, opera a urbanização como intensificadora daquele estado disnômico: primeiramente o crescimento populacional citadino acentua a dominância da cidade enquanto 'centro de difusão' de componentes do estilo de vida urbano, ou seja, fortalece e amplia nas áreas não citadinas a incorporação de novas necessidades materiais' e 'não materiais' insuficientemente atendidas; em segundo lugar, a persistência do relativo 'sufocamento' da produção em amplos setores sociogeográficos, especialmente os agrícolas, não suporta o crescimento populacional citadino, dependente por seu consumo da produção agrícola; por fim, esse aumento populacional urbano pressiona os setores secundário e terciário, concentrados nas cidades, porque se realiza mais rapidamente que a expansão dos empregos oferecidos por esses setores. Em suma, o caráter sociopático da urbanização advém da inadequação dos meios fornecidos pelo estado do sistema de produção de bens e serviços à afirmação pelos agentes de trabalho de um maior valor de sua força de trabalho."*

Estes desequilíbrios e o "inchamento" das cidades encontram expressão, por exemplo, no problema de moradia com o surgimento da favela no Rio, processo que se vai acelerando com o decorrer do século. Mas a aspiração por padrões de vida "materiais" e "não materiais", definidos como constituintes de um "estilo de vida urbano", não é encerrada, evidentemente, com a chegada à cidade dos indivíduos oriundos dos setores sociogeográficos capitalistas "sufocados". Uma vez dentro da grande metrópole vamos encontrar diferentes graus de participação nestes "bens urbanos". Ora, um dos problemas para o investigador, especialmente para o antropólogo, é buscar definir que *padrões* são esses, como são definidos e quais são os *símbolos* que indicam esta participação maior ou menor. Desta problemática estarão participando não só as pessoas que chegam à grande cidade, como seus próprios naturais, e o fato primordial é a *desigualdade* no acesso a estes bens.

A aspiração de viver em Copacabana revelou-se, na minha pesquisa, um importante fator nas decisões existenciais de um universo quantitativamente significativo. Fica lançada, de saída, a pergunta de por que e como isto se deu.

O crescimento do bairro foi espantoso, como podemos ver neste quadro comparativo, baseado nos censos demográficos:

* Pereira, Luís, "Urbanização e Subdesenvolvimento", em *Urbanização e Subdesenvolvimento*, org. de Luís Pereira, Coleção Textos Básicos de Ciências Sociais, Zahar Editores, Rio de Janeiro, 1969, p.61.

QUADRO I

	1920	1940	1950	1960
Rio de Janeiro	1.157.873	1.764.141	2.335.931	3.139.858
Copacabana	17.823	74.133	129.249	165.986

Em 1930 não houve censo. Quanto à população atual, tenho que basear-me em dados preliminares do censo de 1970 que indicam cerca de 4.200.000 habitantes para o Rio e 250.000 para Copacabana. No total, de 1920 a 1970, a cidade cresceu cerca de 240%, enquanto Copacabana crescia quase 1.500%, ou seja, num ritmo quase sete vezes maior. Representando apenas cerca de 1,5% da população da cidade em 1920, em 1970 passa a representar quase 6%. A década de maior crescimento é a de 60, com o acréscimo de cerca de 85.000 pessoas à população do bairro. Não tenho dados precisos sobre natalidade e mortalidade, mas não há nenhum motivo para acreditar que o crescimento vegetativo copacabanense seja significativamente superior ao dos outros bairros da cidade. Pelo contrário, a pesquisa indicou o nítido predomínio de famílias menores em Copacabana. Logo, já agora ficaria evidente a importância do deslocamento para o bairro. O universo da pesquisa que só incluiu adultos, pois estava interessado em pessoas que decidiram onde morar, apresentou apenas seis nascimentos em Copacabana no total de 221. É óbvio, portanto, que entre os adultos é ínfima a proporção de copacabanenses natos, devendo aumentar muito entre as crianças e os adolescentes. Como explicar este fenômeno? O que motivou estas pessoas? O que buscavam e como definem seus objetivos?

Sobre o crescimento de Copacabana, diz Pedro Pinchas Geiger: "Verificou-se um processo de transferência de moradores da Zona Norte para a Zona Sul, sobretudo de elementos de melhor nível econômico. Com o tempo, mesmo elementos mais modestos da classe média se multiplicaram no bairro de Copacabana, aceitando estreitos apartamentos pequenos em troca das comodidades dos serviços; da melhor condução, das diversões, da praia e, também, da fama."*

Parece-me que esta explicação é pouco satisfatória se ficarmos aí. É preciso saber que critérios presidiram esta opção e como eles se apresentam. Por outro lado, o que significa "fama"? Na explicação do autor citado, aparece um pouco como categoria residual. De onde vem a "fama" e quais são os seus componentes? Não é preciso ser nenhum gênio para perceber, de saída, que estamos lidando com um problema de prestígio e de status.

Seria necessária toda uma outra pesquisa para investigar a lógica da expansão da cidade do Rio de Janeiro. Quais foram suas tendências, direções, causas, processo de tomada de decisões etc. No caso de Copacabana, seria necessário fazer um estudo aprofundado das relações entre o mito e a indústria de construção civil.

É a partir de 1940 que se dá a grande expansão vertical do bairro. Copacabana foi-se transformando aceleradamente com a intensificação da construção de edifícios e a demolição de casas. Terrenos comprados a preços irrisórios são aproveitados para a construção de edifícios, permitindo lucros fantásticos às companhias construtoras. A falta ou precariedade de uma regulamentação, as deficiências de um código de obras, a força de grandes interesses garantem um crescimento desordenado para o bairro. As possibilidades de lucros são tão tentadoras que aventureiros formam "companhias" e começam a construir prédios que muitas vezes terão suas obras paralisadas, levando às vezes mais de dez anos para serem construídos. Sobrevivem as grandes companhias, com mais capital, mais "racionalizadas" ou com melhores

* GEIGER, Pedro Pinchas, op.cit., p.175.

contatos. Mais caracteristicamente, a partir de 1950 começam a proliferar os gigantescos edifícios com apartamentos mínimos, permitindo maiores lucros ainda às construtoras e acelerando enormemente o crescimento demográfico do bairro. Muitas pessoas terão enormes prejuízos tentando comprar apartamentos em Copacabana. As obras infindáveis carreavam mais e mais recursos, até que, frequentemente, a pessoa era obrigada a desistir do apartamento, revendendo-o com prejuízo. Até alguns anos atrás, antes do Banco Nacional da Habitação, era muito comum encontrar no bairro os "esqueletos" de edifícios interrompidos pela metade. Houve quem conseguisse comprar através de financiamentos da Caixa Econômica, do Clube Militar etc. O fato é que isto era uma possibilidade restrita a certos grupos que tinham como obter financiamentos. Apesar deste quadro, milhares de pessoas se arriscaram a comprar e outras se dispuseram a alugar mais caro do que em outros bairros. É interessante percorrer os jornais dos anos 40 até os anos 60, examinando seus suplementos de imóveis, especialmente os dominicais. Coisas do gênero: "Paraíso à beira-mar", "Seja feliz em Copacabana", "More como gente bem - em Copacabana", "Não negue a sua família o direito de morar em Copacabana" etc. Evidentemente, havia diferentes ênfases. Certos anúncios chamavam mais atenção para a praia, para a vida "informal". Outros davam um cunho aristocrático ao edifício anunciado, começando pelo nome - Dom Ricardo, Duque de Orleans, Versalhes etc. É claro que certos anúncios eram feitos para uma "classe alta" e outros para a "classe média".

O fato é que Copacabana foi "vendida" e continua a ser. Atualmente, de acordo com a *Revista de Engenharia do Estado da Guanabara*, 98,8% das moradias do bairro são apartamentos. Obviamente, ligada a isto, a densidade demográfica no bairro é cinco vezes maior do que a de Ipanema e Botafogo, bairros limítrofes, e quatro vezes maior do que a Tijuca.* Já agora, quase não havendo mais casas para derrubar, derrubam-se os edifícios mais velhos, menores, e em seu lugar constroem-se os modernos, enormes.

Não estou defendendo uma "teoria conspiratória" da história de Copacabana, em que meia dúzia de empresários corruptos resolveu criar uma empreitada lucrativa à custa de pobres inocentes. É claro que o problema é bem mais complexo. Qualquer amador em propaganda sabe que um de seus princípios é que ela nada inventa, ela explora potencialidades. Estas, por sua vez, são dadas pela cultura em uma determinada situação sócio-histórica. Cabe então descer a níveis mais profundos e procurar quais foram os símbolos que puderam ser manipulados e de que forma podem-se apresentar. Esta é uma tarefa que será constantemente retomada no decorrer deste trabalho.

Existem importantes diferenças internas em Copacabana, que caracterizam subáreas que merecem ser consideradas. A zona de ocupação mais antiga situa-se nas proximidades do Copacabana Palace e da praça do Lido. O ponto de referência original era o hotel, junto ao qual desenvolveram-se intenso comércio e especulação imobiliária. Com o crescimento do bairro, esta parte passou a ser o centro da vida noturna da Zona Sul. Hotéis, bares, restaurantes, *boîtes* surgiram em profusão ao lado de vasto número de prédios residenciais. A ocupação final foi feita, em grande parte, na década de 50, com grandes edifícios tipo Barata Ribeiro 200. É considerada uma área parcialmente "decaída", ou seja, menos residencial de acordo com os padrões predominantes dos moradores do bairro. Algumas ruas estão repletas dos chamados "inferninhos" – bares-*boîtes* onde constantemente há incidentes, brigas, confusões. Outras ruas desta área são consideradas "pesadas" devido à presença de "maus elementos" – prostitutas, puxadores

* "A Nova Copacabana", em *Revista de Engenharia do Estado da Guanabara*.

de maconha, turmas de esquina de jovens mais agressivas etc. Há, por conseguinte, uma presença mais constante da polícia que dá "batidas", prendendo "maus elementos" e fechando inferninhos por diversos motivos – venda de bebidas alcoólicas a menores, excesso de ruído, falta de higiene etc. No entanto, existem aí vários prédios de luxo, comércio mais sofisticado etc. impedindo que se possa caracterizar a área como um todo simplesmente como "decaída", nem pelos padrões copacabanenses nem por quaisquer outros. O que se diz, por exemplo, é que "Tem muita gentinha morando por ali", "Barulho demais, desordem, não é lugar para criar filhos". Mas há quem diga isso de Copacabana como um todo.

Outra subárea distinguível é constituída, *grosso modo*, pelos postos 4 e 5. É a região dos cinemas e que na primeira metade da década de 50 ainda era, basicamente, residencial. Originalmente seus pontos de referência eram os cinemas Roxy, Metro, Rian e Art-Palácio. Rapidamente foi-se desenvolvendo também importante atividade comercial, sendo derrubadas as últimas casas para a construção de grandes prédios residenciais e comerciais. Aí surgiram, também, os famosos edifícios de conjugados, mas em número menor do que na subárea anteriormente mencionada. Esta parte do bairro é, para este trabalho, especialmente importante, pois é ali que fica o Edifício Estrela. Logo, voltará a ser examinada com mais detalhes.

O Leme foi incluído na pesquisa, não sendo considerado separado de Copacabana, embora alguns moradores o definam como um "bairro" à parte. Sem dúvida, apresenta algumas peculiaridades. Em primeiro lugar, fica mais "isolado" do grande movimento copacabanense, à medida que o grosso do tráfego local é deslocado para o Túnel Novo, não passando pelo Leme. Assim, não se passa normalmente por ali como se passa, por exemplo, pelo Copacabana Palace e pelo Lido. O grande movimento entre Copacabana e o chamado Centro da cidade, portanto, não atravessa essa subárea.

Como também o seu comércio não é dos mais intensos, "não se vai" ao Leme frequentemente. É definido, muitas vezes, como sendo "mais tranquilo", conservando, até certo ponto, uma atmosfera menos agitada. No entanto, sob outros pontos de vista, é continuação indiscutível de Copacabana, sendo talvez um "canto" mais "sossegado". É a mesma floresta de prédios, restando também pouquíssimas casas. A praia continua a de Copacabana, constituindo realmente uma só. Não há barreiras geográficas, é um contínuo. Com a possibilidade da construção de um túnel, ligando o Leme à Urca, é de esperar que acabe também este relativo isolamento. Finalmente, é preciso lembrar que sua ocupação é das mais antigas, havendo ali alguns dos primeiros edifícios de Copacabana.

A subárea do posto 6 é considerada "residencial", embora apresente um elevado número de estabelecimentos comerciais, restaurantes, alguns cinemas, bares etc. Algumas ruas permaneceram, no entanto, mais ou menos "intocadas", mantendo uma certa "pureza". Mas aí, também, as casas desapareceram para dar lugar aos edifícios de apartamentos. O posto 6 é uma zona de transição entre Copacabana e Ipanema, sendo que uma pessoa moradora na rua Joaquim Nabuco disse que "isto aqui é mais Ipanema do que Copacabana", frase carregada de valor à medida que, atualmente, Ipanema é mais elitizado. De um modo geral, os preços, nesta subárea, de compra e aluguel de apartamentos são mais elevados do que no resto do bairro.

A avenida Atlântica vai do Leme ao posto 6, atravessando toda a orla marítima do bairro, constituindo, até certo ponto, uma outra subárea. Quando se diz que alguém "mora na avenida Atlântica", em princípio imagina-se que seja "rica". Há um grande número, e mesmo predomínio, dos chamados prédios de luxo, com apartamentos de mais de $200m^2$, com um ar "aristocrático". Mesmo assim, são encontrados ali vários prédios mais modestos quebrando esta tendência.

O fato é que não é possível isolar no bairro trechos significativos, habitados exclusivamente por uma camada mais rica. Pode-se dizer, apesar disso, que a avenida Atlântica e o posto 6, mais nas ruas Rainha Elizabeth e Joaquim Nabuco, tenderiam, proporcionalmente, a apresentar maior concentração de prédios de luxo.

Estas diferenças que descrevi são aceitas, de modo geral, pelo copacabanense. Ele vê estas subáreas. Estou, portanto, no nível consciente do morador do bairro e vendo como ele se orienta. Evidentemente, há outras diferenciações espaciais que fazem com que se distingam nitidamente outros trechos. O problema da rua, por exemplo, é importante. Isto fica mais claro nos grupos de jovens que se diferenciam como pertencentes às "turmas" da Miguel Lemos, Bolivar, Joaquim Nabuco etc. com claras noções de territorialidade. Este é um problema bem mais complexo porque, embora seja importante, não é condição indispensável que um jovem more na rua para pertencer a sua turma. Voltaremos a isto mais adiante. O importante, no momento, é assinalar como subáreas, trechos, zonas etc. são nitidamente distinguidos pela maioria dos moradores.

Enfim, Copacabana transformou-se de pacato bairro à beira-mar, com casas em espaçosos terrenos, nesta famosa "floresta de cimento armado". De lugar relativamente isolado, passou a ser uma espécie de outro "Centro" da cidade, onde todas as pessoas vão para fazer compras, "divertir-se" e, cada vez mais, trabalhar. Muitos profissionais transferiram seus escritórios, consultórios etc. do Centro da cidade para ali. O grande comércio traz, diariamente, milhares de comerciários não residentes no bairro para o seu trabalho. Há muitos que já moram no bairro, mas ainda assim há um intenso movimento de pessoas que vêm de outros bairros e subúrbios para trabalhar em Copacabana. Há os serventes, faxineiros de prédios residenciais e comerciais, de lojas etc. Uma das categorias ocupacionais mais numerosas é constituída pelas empregadas domésticas. A maioria mora no local de trabalho nos chamados "quartos de empregada", cubículos malventilados. Outras vão diariamente para as suas casas. Muitas residiam nas favelas da Zona Sul que forneciam mão de obra numerosa e barata para os trabalhos domésticos. Com a remoção das favelas (Praia do Pinto, Catacumba etc.), ou passam a dormir no emprego ou a fazer enormes viagens diárias de remotos subúrbios para Copacabana, consumindo grande parte de seu salário em passagens de trem e ônibus.

No Censo de 1950 são assinalados 27.864 domicílios no bairro. Em 1960, 43.872. Mantendo-se a média da década anterior de quase quatro pessoas por domicílio, é de se supor que para uma população de 250.000 pessoas existam cerca de 60.000 domicílios. A densidade demográfica do bairro é de quase 50.000 habitantes por km^2, que é, sem dúvida, uma das mais altas do mundo. Segundo a Circunscrição Fiscal de Copacabana, existem 1.800 prédios no bairro, o que viria a dar quase 150 habitantes por prédio, levando-se em conta a ínfima proporção de casas.* A área média dos apartamentos, para um mesmo número de cômodos, é sempre menor que os situados em outros bairros. Apartamentos de um cômodo em Copacabana têm em média uma área de $27m^2$, enquanto que o mesmo apartamento de um cômodo em Ipanema tem $47m^2$, e o da Tijuca tem $46m^2$. Estes são, para concluir, alguns dados numéricos sobre o bairro. Agora vamos examinar um prédio específico.

* *O Globo*, 15 de agosto de 1970.

2. O PRÉDIO

O movimento, a beleza, a gente faz o que quer.
Ninguém conhece ninguém e todo mundo conhece todomundo.
(Um de nossos entrevistados)

O EDIFÍCIO ESTRELA* está localizado na rua Bolivar, entre os postos 4 e 5 de Copacabana. Esta área é das mais importantes e movimentadas do bairro. Está próxima aos grandes cinemas: Metro, Roxy, Art-Palácio, Copacabana e Rian. O comércio é dos mais ricos e variados. O Estrela está situado entre as ruas Leopoldo Miguez e Barata Ribeiro. Neste trecho, entre a última rua e a avenida Copacabana, numa extensão de uns duzentos metros, encontramos dois supermercados, uma padaria, uma loja de ferragens, uma sapataria, três lojas de roupas masculinas, uma loja de artigos de praia, dois bares, uma lanchonete, uma perfumaria, uma livraria, um sapateiro, uma loja de frios e laticínios, um banco, um antiquário, uma peixaria, duas confeitarias, três lojas de roupas femininas e um cabeleireiro. Além disso, semanalmente, às quartas-feiras, há uma feira na rua. Permanentemente, dois camelôs e uma carrocinha de frutas ali estão também. Vários moradores do prédio, em suas entrevistas, referiram-se à excelência do "ponto" e à variedade do comércio.

O Edifício Estrela teve iniciada sua construção em 1954, tendo o habite-se em 1958. São dez andares com 16 apartamentos por andar e uma cobertura com seis apartamentos idênticos aos dos andares

* Por motivos óbvios, o nome do prédio é fictício.

inferiores. Alinham-se em um corredor estreito e comprido, sem janelas. São oito apartamentos de frente e oito de fundos. Os primeiros dão para a rua Bolivar e os últimos, para os pátios internos dos edifícios da quadra e para os fundos da igreja de São Paulo Apóstolo, na rua Barão de Ipanema. Quanto aos apartamentos propriamente ditos, têm 39m^2 com uma saleta de entrada, um corredor relativamente longo, para onde dão a cozinha e o banheiro, muito pequenos, sendo que a janela deste dá para a primeira. Na cozinha há um pequeno tanque de lavar roupa. Terminando o corredor, chega-se ao aposento maior, o sala-quarto conjugado propriamente, às vezes dividido ao meio pelos moradores através de um móvel ou de uma porta de vidro. Há uma janela num extremo do quarto-sala, um pequeno basculante na saleta e uma janela na cozinha, dando estes dois últimos para uma estreita área interna do prédio de 2,5m^2 (ver planta na página seguinte).

Nos sessenta apartamentos visitados pelas nossas entrevistadoras viviam 165 pessoas, numa média de 2,75 habitantes por unidade habitacional. Vivem, portanto, no prédio cerca de 450 pessoas, dado confirmado pelo síndico e porteiros. O edifício tem seis empregados: dois porteiros e quatro serventes. Apenas o porteiro diurno ali morava, num pequeno quarto no primeiro andar.

O Estrela é administrado por uma companhia de administração predial, responsável por numerosos prédios em Copacabana e em outros bairros, contratada pelo condomínio do prédio. O estudo jurídico-sociológico dos condomínios deste tipo de edifício poderia ser útil para melhor compreensão de certos mecanismos de controle e poder no Rio de Janeiro e em outras grandes cidades. No caso do Estrela só participam das reuniões, com direito a voto, os proprietários dos apartamentos. Ora, apenas 25% dos apartamentos pesquisados eram habitados por seus proprietários, sendo a população do prédio, portanto, constituída esmagadoramente de inquilinos. São os proprietários que elegem o síndico e o conselho fiscal e que tomam todas as decisões concernentes ao prédio em conjunto com a administradora. Esta presta contas à assembleia de proprietários. O fato de uma minoria de moradores participar dessas reuniões provoca sérios problemas de descontentamento e tensão no Estrela. O síndico tem que ser um proprietário que resida no prédio.

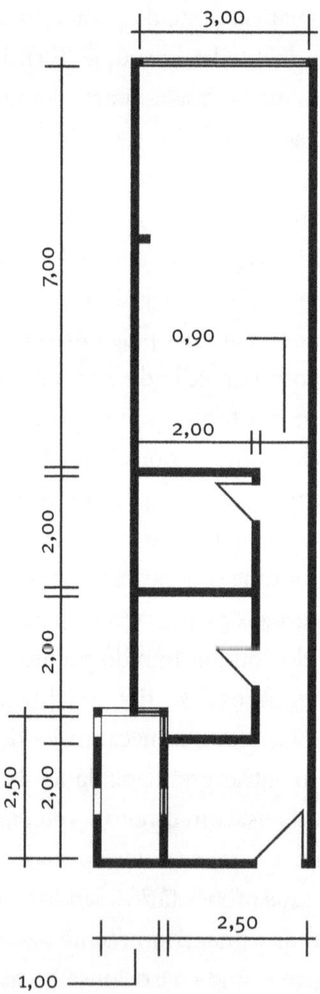

apartamento
área = 39m²
planta baixa
escala 1:75

O pagamento de condomínio, taxas de água e esgoto e o próprio gás é feito pelo ocupante do apartamento diretamente na administradora, que funciona duas quadras adiante na avenida Copacabana. Um dos mecanismos de controle à disposição da administradora é afixar, regularmente, na entrada do prédio, junto ao elevador social, uma lista de moradores atrasados em seus pagamentos. O condomínio, cobrado trimestralmente, era no valor de uns 120 cruzeiros (24 dólares). Além disso, eram constantemente cobradas taxas de conservação de elevadores, pintura, reparos etc. Em média, cada apartamento pagava 150 cruzeiros por trimestre (30 dólares) à administradora. Nessa época o aluguel nos contratos novos era de 350 cruzeiros (70 dólares). Na maioria dos apartamentos vigoravam ainda contratos mais antigos, fazendo com que o aluguel médio pago fosse cerca de 200 cruzeiros (40 dólares). Ou seja, o inquilino desembolsava uns 250 cruzeiros mensais para sua moradia, o que representava para alguns grupos domésticos a metade ou quase de sua renda. Logo, era comum encontrar-se pessoas nestas listas devendo dois ou três trimestres à administradora. Havia um sistema de multas, mas a lista parecia ter mais efeito. No dia em que era afixada, viam-se grupos de pessoas em volta, procurando atualizar-se em relação ao assunto. Umas procurando reafirmar sua condição de "boas pagadoras", proclamando alto e bom som, geralmente sem estarem se dirigindo a alguém especificamente, o fato de serem "pontuais" e "corretas". Outras, procurando simplesmente informações a respeito de sua vizinhança. Viam-se também indivíduos mais furtivos, carregados de "culpa", olhando as listas de soslaio, com aparente indiferença, apenas para confirmar o que já esperavam. Era uma das ocasiões "dramáticas" da vida do Estrela. Como a administradora não era das mais eficientes, havia, de vez em quando, enganos. Apareciam apartamentos em débito que, na realidade, já tinham pago. Vi uma ou duas vezes pessoas subirem aos seus apartamentos e voltarem com recibos para brandir para o porteiro, provando a sua "inocência" publicamente e acusando a administradora de incompetente. É claro que este tipo de precedente permitia a certas pessoas, ao se verem "acusadas" na lista, negarem enfaticamente a veracidade da "acusação", sem que apresentassem "provas" do que diziam. Neste caso poderiam ser notados alguns sorrisos cúmplices no ambiente, especialmente se o indivíduo em pauta fosse "notório" no seu "desleixo" ou "incompetência" financeira. Numa dessas ocasiões vi duas senhoras de meia-idade comentando: "Não sei por que insistem em morar aqui. Deviam voltar para o subúrbio..."

O fato é que se ouvem pelos elevadores e corredores do prédio constantes queixas contra o síndico e a administradora. Um dos problemas mais sérios era o da circulação. Existem apenas dois elevadores para atender ao movimento do prédio. Geralmente, não funcionam bem, sendo que na maior parte do dia só um elevador funciona, para "conservação" do outro. Esse problema é uma das maiores fontes de conflito, fazendo com que, não raramente, as pessoas tenham que utilizar apenas as escadas. Outro ponto crítico é a água. Os reservatórios do prédio não são suficientes para a sua população. No verão a água era desligada às 22 horas, só reabrindo às 6 horas da manhã. Muitas vezes há falta total de água. Sendo os apartamentos pequenos e com pouca ventilação, o verão é bastante penoso. Com a falta de água a situação se agrava ainda mais.

No período em que moramos no prédio, dizia-se que estava "muito melhor". Referiam-se a uma época anterior em que o Estrela era palco frequente de conflitos relacionados a prostituição e *garçonnières*. É interessante chamar a atenção que, na pesquisa realizada no Barata Ribeiro 200, encontramos situação semelhante, pois ali também falava-se de um "passado tenebroso" que, felizmente, tinha sido ultrapassado. O síndico do Estrela contou-me que no início de sua gestão (1967) tivera que chamar a polícia várias vezes para acabar com "festinhas", mas que geralmente "não dava em nada", pois sempre algum participante conhecia alguém na polícia, tinha prestígio, relações etc. Apesar disso, segundo ele, a situação melhorara pois estava sempre vigilante. Mas, sem atingir a notoriedade do Barata Ribeiro 200, o Estrela era considerado nas vizinhanças um "balança-mas-não-cai". O estereótipo básico existente em torno deste tipo de prédio expressa a crença num "baixo padrão moral" de seus habitantes, fenômeno não muito diferente do que ocorre, por exemplo, em relação às favelas. É interessante observar, no entanto, que boa parte das chamadas atividades "ilícitas" que ocorrem no Estrela é praticada não propriamente por moradores do edifício. Entre os 176 apartamentos havia três considerados "suspeitos", pois eram habitados por prostitutas. Isto dificilmente explicaria o clima em torno do prédio. O que acontece, mais comumente, é a existência de *garçonnières*. Indivíduos residentes em outros locais compram ou alugam um pequeno apartamento num desses edifícios. Muitas vezes dois ou três amigos se associam e dividem as despesas. Estas são as pessoas que "têm prestígio, relações" etc. e que dão as "festinhas", trazendo pessoas de fora, do prédio. Mas há um outro aspecto. Não só as pessoas de fora mas os próprios moradores, justificam muitos problemas do prédio culpando as prostitutas. São bastante corriqueiros gritarias e incidentes. Encontramos situação semelhante no Barata Ribeiro 200. Sobre isso, comentamos no trabalho já citado que fizemos em 1969 com Yvonne Maggie Alves Velho.

"O fato é que o número de 'maus elementos' parece exíguo, comparado com a quantidade de incidentes ocorridos no prédio. Pelo que verificamos na delegacia de Copacabana, é realmente assustador o número de casos registrados no 200. Apesar das declarações da autoridade policial de que as prostitutas eram as responsáveis pelos tumultos, examinando os últimos casos registrados no prédio nada havia relacionado com o problema de prostituição. Tratava-se de incidentes entre vizinhos (barulho, crianças etc.) ou entre marido e mulher – brigas que assumiam proporções um tanto excessivas."*

Quanto ao Estrela, tudo é proporcionalmente menor, mas há semelhanças nas atitudes dos moradores, concentrando os problemas nos indivíduos considerados "marginais", prostitutas no Estrela, prostitutas e homossexuais no 200.

Fica-se com o problema de como explicar esta "turbulência". Algumas explicações são óbvias. Os apartamentos são separados por paredes finas e estreitas, fazendo com que o problema do barulho seja dos mais sérios, principalmente se levarmos em conta que muitas dessas pessoas vêm de habitações e locais onde não se colocava tal ordem de problema, não estando, portanto, "acostumadas". A relativa heterogeneidade dos habitantes, colocando, lado a lado, estudantes e senhoras sexagenárias viúvas, atrizes de televisão e famílias de funcionários públicos com filhos pequenos etc., cria um problema de choque de horário. Assim, a hora em que a atriz de televisão quer dormir é a hora em que no apartamento ao lado as crianças estão brincando; quando o estudante liga sua vitrola, a viúva poderá estar dormindo, e esta, por sua vez, ligará a televisão para ver sua novela favorita no momento em que o estudante prepara-se para a prova do dia seguinte. O grande número e a pequena distância entre os apartamentos faz com que o morador do apartamento 706 possa ser incomodado não só pelo que se passa nos 705 e 707, mas, praticamente, pelo que possa ocorrer em todos os 16 apartamentos do seu andar, sem contar os dos andares de cima e de baixo. Aí teríamos o que chamávamos de "conflito vertical". Uma das brigas mais rotineiras

* VELHO, Gilberto e Yvonne, op.cit., p.22.

era entre pessoas de um apartamento mais baixo acusando as de andares de cima de deixarem cair água, detritos etc. Embora houvesse pessoas que se "acostumavam", aprendendo a viver com o barulho e com este tipo de problema, o mais frequente é o descontentamento e a agressividade. Este fenômeno não se manifesta apenas em pessoas que acabam de chegar ao edifício, mas também entre moradores mais antigos, que, segundo ouvi, "aprendem a se defender". Os desacordos algumas vezes são encaminhados polidamente entre vizinhos, mas isto não é a regra. A reclamação, quando feita, já vem geralmente numa linguagem agressiva, iniciando um bate-boca que não poucas vezes acaba em conflito corporal e com a chegada da polícia. Uma das causas mais frequentes de desentendimentos entre vizinhos de diferentes andares era a da secagem de roupa. Sendo as áreas dos apartamentos mínimas e sem sol, os habitantes dos apartamentos de fundos punham suas roupas em secadores na janela. Não só porque estando as roupas úmidas caíam gotas nas janelas de baixo, mas, mais grave, nos dias de chuva viam-se obrigados a colocar plásticos protegendo as roupas. Estes acumulavam água, que acabava por cair no apartamento de baixo. Outras vezes, na hora de retirar o plástico, se a operação não fosse feita com cuidado, provocava uma pequena inundação no vizinho de baixo. A solução de não lavar roupa em casa seria muito penosa para a maioria dos orçamentos. Alguns, como os que moravam na frente e que não podiam usar secadores na janela, viam-se obrigados a encher seu banheiro ou cozinha com roupa que poderia levar vários dias para secar com a falta de sol e ventilação.

Nesses conflitos a figura do síndico pode ser bastante secundária. Em princípio, ele não só não quererá "ficar mal" com ninguém, mas dispõe de muito pouca autoridade e poder para decidir ou influenciar de alguma maneira. É evidente que, em alguns casos, se o síndico dispõe de algum prestígio decorrente de outro fator, poderá ser diferente. No Estrela havia um subsíndico que era capitão do Exército e que, por isso, era mais respeitado ou temido. Na realidade, qualquer sanção que o síndico queira aplicar contra algum morador terá que ser submetida à assembleia do condomínio. Ele, por si mesmo, é apenas uma espécie de "administrador" do prédio e que, no caso de prédios administrados por companhias, como o Estrela, terá uma função ainda mais secundária. É importante frisar que esse indivíduo foi escolhido por apenas 25% dos moradores, não sendo de modo algum um "representante da comunidade". Funciona, basicamente, como um intermediário para determinados assuntos entre o condomínio e a Administradora. Os empregados do prédio lidam diretamente com esta, sendo alocados para diferentes prédios por ela geridos. A tarefa de administrar um edifício do tamanho do Estrela é considerada "muito complexa", sendo esta a razão dada para o papel da Administradora. O fato é que muitos moradores acusavam-na de "roubar" e de ser "uma bagunça".

Edifícios como o Estrela de há muito causam escândalo e protesto por parte de arquitetos e urbanistas. Qualquer primeiranista de uma faculdade de Arquitetura, imediatamente, percebe os óbvios problemas de circulação, iluminação, higiene, aproveitamento de espaço etc. Hoje em dia, está proibida a construção de apartamentos conjugados. Mas o fato é que essa medida só foi tomada quando quase já não havia mais espaço para a construção de prédios em Copacabana. Esses edifícios continuam ali, com seus muitos milhares de habitantes, com novas pessoas sempre chegando.

Os habitantes do Estrela são sujeitos a um certo grau de discriminação, à medida que carregam um "estigma", no sentido que lhe dá Erving Goffman.* Ou seja, morar no prédio pode ser

* Ver GOFFMAN, Erving, *Stigma, Notes on the Management of Spoiled Identity*, Prentice-Hall, Inc., Englewood Cliffs, N.J., 1963.

considerado uma característica, um atributo desabonador no nível de suas relações com outros habitantes das redondezas e do bairro, de modo geral. Isso se dá, também, em maior ou menor grau, com moradores do Barata Ribeiro 200 e outros prédios semelhantes. Surge, consequentemente, uma situação ambígua em termos de identidade dessas pessoas. Se, por um lado, como veremos, morar em Copacabana é encarado como atributo altamente positivo, algo a ser ostentado, muitos dos moradores têm uma certa "vergonha" de morar num "balança". Esta atitude se solidificará à medida que suas experiências cotidianas e seus contatos com outras pessoas venham a indicar que o seu local de residência tem "má fama" e que o fato de ali morarem possa ser interpretado como um lado negativo, um mau indicador a seu respeito. Assim, as moças que moram no 200 têm medo de serem confundidas com prostitutas. A consequência disso é que muitos moradores desses prédios, e especialmente no caso do Estrela, podem vir a adotar uma atitude defensiva diante de certas relações, evitando dizer onde moram ou mesmo, ocasionalmente, mentindo. Voltaremos a isso adiante.

Foram entrevistadas 79 pessoas em sessenta apartamentos do Estrela. Encontramos 15 proprietários, 59 inquilinos e 5 pessoas em outra situação. Neste último caso, quase sempre o apartamento pertencia a uma pessoa que o emprestava a um parente, amigo ou amante. Foram entrevistados 34 homens e 45 mulheres. Em termos de faixas etárias, temos a seguinte distribuição:

QUADRO II

IDADE	Nº DE PESSOAS
18-35	30
35-50	25
mais de 50	22

Não foi possível saber a idade de duas pessoas.

Quanto à naturalidade, encontramos a seguinte distribuição:

QUADRO III

ESTADO	Nº DE PESSOAS
Guanabara	31
Estado do Rio de Janeiro	3
São Paulo	5
Minas Gerais	9
Espírito Santo	4
Rio Grande do Sul	3
Goiás	2
Bahia	3
Alagoas	1
Pernambuco	2
Rio Grande do Norte	1
Ceará	6
Pará	3
Amazonas	1
Acre	1

Quatro estrangeiros foram entrevistados: dois portugueses, um italiano e uma paraguaia.

Procuramos saber em que bairros residiam as pessoas antes de se mudarem para Copacabana. Uma pessoa nasceu e sempre morou no bairro. Dois estrangeiros vieram diretamente para Copacabana, assim como 18 pessoas de outros estados. Quatro não declararam onde moravam antes. Encontramos a seguinte distribuição:

QUADRO IV

BAIRROS	Nº DE PESSOAS
Ipanema	8
Leblon	1
Gávea	1
Jardim Botânico	1
Botafogo	7
Flamengo	2
Laranjeiras	1
Glória	1
Catete	3
Centro	1
Tijuca	9
Grajaú	2
Fátima	2
Méier	2
Vila Isabel	2
Irajá	2
Cavalcanti	1
Ilha do Governador	2
Ramos	1
Rio Comprido	3
São Cristóvão	2

Quero frisar que os limites entre certas áreas da cidade não são muito precisos, mas pode-se dizer que 22 pessoas vieram da Zona Sul, seis de uma zona central, seis dos subúrbios e vinte da Zona Norte. Parece-me que essa divisão de zona sul, central, norte e suburbana tem forte conteúdo ideológico e subjetivo, pois encontramos muitas diferenças quanto a essa classificação, quando colocou-se o problema diante de alguns entrevistados. Por exemplo, os bairros da Glória e do Catete foram situados tanto na Zona Sul como no Centro. Há uma certa imprecisão, não havendo uma definição estritamente objetiva ou uma classificação indiscutivelmente aceita.

Verificamos, ainda, quanto ao tempo de residência em Copacabana, a seguinte distribuição:

QUADRO V

TEMPO DE PERMANÊNCIA	Nº DE PESSOAS	%
menos de 1 ano	16	21%
de 1 a 5 anos	18	24%
de 5 a 10 anos	10	13%
mais de 10 anos	32	42%

Destes últimos 32, 29 chegaram na década de 1950, dois na de 40 e um vivia há mais de trinta anos no bairro. Três pessoas não declararam o tempo de residência em Copacabana.

Setenta e quatro entrevistados declararam há quanto tempo residiam no Estrela:

QUADRO VI

TEMPO DE PERMANÊNCIA	Nº DE PESSOAS	%
menos de 1 ano	22	29%
de 1 a 5 anos	18	24%
de 5 a 10 anos	12	18%
mais de 10 anos	22	29%

Verifica-se, portanto, que 32 pessoas viviam no bairro há mais de dez anos, sendo que 22 destas residem no Estrela há mais de dez. Cinquenta e duas pessoas vieram para o prédio na década de 1960, portanto, quase três quartos da população do edifício. Este teve o habite-se, como já vimos, em 1958. Parece-me bastante significativo o fato de mais de 20% dos moradores estarem no bairro há menos de um ano e quase 30% há menos de um no Estrela. Revela que o deslocamento para Copacabana continua intenso e que um edifício como o Estrela é importante receptáculo dessas pessoas que chegam.

Insisto que entrevistamos adultos, pois estávamos, neste momento da pesquisa, interessados em entender as decisões tomadas quanto à mudança para o bairro, excluindo, portanto, os menores em princípio, embora possa admitir que em uma família ou outra possam ter influenciado tal decisão.

Evidentemente, pesquisamos as ocupações dos indivíduos entrevistados. De início vou apresentar a lista mais descritiva e enumerativa das ocupações:

Funcionários públicos – 15
Comerciantes – 5
Comerciários – 3
Bancários – 3
Contadores (empresa privada) – 2
Vendedores – 3
Professores (três primários e dois secundários) – 5
Militares (oficial do Exército) – 1
Engenheiros – 2
Advogados – 1
Médicos – 2
Alfaiates – 1
Costureiras – 2
Motoristas – 1
Cabeleireiras – 1
Técnicos – 2
Taquígrafos – 1
Economistas – 1

Prendas domésticas – 9

Estudantes (dois de pós-graduação, dois de nível superior e um de curso secundário) – 5

Funcionários do Jóquei – 1

Aposentados (um da Light, um sargento da Aeronáutica e um não declarou profissão original) – 3

Prostitutas – 4

Desempregados (dois jornalistas e dois comerciários) – 4

Os funcionários públicos eram, quase todos, pequenos funcionários. O mais alto cargo encontrado foi o de chefe de seção de um ministério. Os comerciantes eram pequenos comerciantes: donos de bar, de pequenas lojas etc. Várias mulheres que se definiram como "donas de casa" têm algumas atividades que ajudam a melhorar o orçamento: costurar para fora de vez em quando, aulas de "arranjos de flores" etc. Os profissionais liberais são todos assalariados. Embora um dos médicos tenha um consultório com um colega, a maior parte de sua renda advém de seu emprego num hospital do Estado. Assim, embora tenha distinguido os profissionais liberais na lista anterior, vários deles, pelo menos em tempo parcial, trabalham para o governo federal ou estadual. O importante é a condição de assalariados. As costureiras trabalham só em casa, entretanto o alfaiate, além de trabalhar em casa, trabalha numa loja de roupas. Os técnicos (radiotécnico, eletrotécnico) trabalham em firmas e também por conta própria. Quanto aos desempregados, 5% de nossos entrevistados estavam nesta situação de um a cinco meses. Eles, assim como a maior parte dos entrevistados, pertenciam ao universo dos *white-collars* antes de perderem seus empregos. Os colarinhos-brancos de nossa lista englobariam os seguintes indivíduos:*

---

* Para a discussão do conceito "*white-collar*", ver Mills, C. Wright, *A Nova Classe Média*, Zahar Editores, Rio de Janeiro, 1969.

15 funcionários públicos
3 comerciários
3 bancários
4 empregados de escritório
5 vendedores
5 professores
6 profissionais liberais assalariados

Se se considerar a profissão a que se dedicavam os desempregados e um dos aposentados, teremos 44 *white-collars*, ou seja, quase 60% de nossos entrevistados. Os contadores e os taquígrafos foram classificados como empregados de escritório.

A utilização do conceito de *white-collars* traz uma série de problemas. Mills enfatiza a situação americana e a sua análise tem, permanentemente, como pano de fundo a sociedade estadunidense. Desta forma, é preciso ficar claro que, na medida do possível, estou procurando utilizar o conceito enquanto *descrição* de uma situação ocupacional e procurando evitar uma necessária vinculação com qualquer coisa que pudesse ser definida como uma "subcultura *white-collar*". Enfim, não quero inverter a lógica da investigação e partir de noções apriorísticas a respeito, por exemplo, do fenômeno de alienação. Só no final do trabalho é que se pode ter uma ideia melhor de quanto me afasto ou aproximo de Mills.

É preciso agora contextualizar alguns destes dados apresentados. Como se traduzem em termos de relações sociais? Como se relacionam com o fato de "existirem" no Estrela?

Os habitantes do prédio pouco se dão entre si. Poucas são as pessoas que se cumprimentam nos corredores e elevadores e menos ainda entabulam conversação. A relação entre vizinhos é, de modo geral, tensa, quando não hostil. Isto se dá porque é muito comum que o primeiro contato entre vizinhos nasça de uma reclamação ou desavença. Além disso, a noção de que é "preciso aprender a se defender" faz com que a maioria das pessoas esteja permanentemente em guarda contra qualquer tipo de aproximação. A frase "não quero saber de vizinho" ou "não me meto na vida dos outros, não quero que se metam na minha", define a disposição dos moradores. Há alguns que contam histórias de como eram ingênuos, procuravam ajudar os vizinhos e que estes "acabaram se aproveitando". É evidente que há alguns desvios deste comportamento. Constatamos em um ou outro andar a existência de algumas relações mais íntimas e cordiais. Por exemplo, no oitavo andar viviam duas famílias que se tinham conhecido no prédio e mantinham estreitos laços. Em um apartamento vivia um casal idoso, o marido já aposentado, e no outro um casal de uns trinta anos com uma filha de três, o pai da mãe, sexagenário aposentado, e uma irmã da mãe, também com uns trinta anos. Havia alguns fatos que tinham aproximado as duas famílias. O casal de velhos gostava da criança, a quem davam presentes. Parece que nas ocasiões de doença ajudavam-se mutuamente. No apartamento dos velhos havia um telefone, bem muito ambicionado e que era usado pela outra família. Por outro lado, o casal de velhos, com os filhos casados e morando longe, em uma ou outra ocasião se valeu dos préstimos da família vizinha em momentos de doença, como nos enfartes do velho. Os dois apartamentos, situados um em frente do outro, passavam boa parte do dia com as portas abertas, permitindo livre trânsito, especialmente para a criança. Mas este caso era, realmente, uma exceção. Normalmente, entre os moradores mais antigos, é mais comum encontrar pessoas que se cumprimentem se não forem vizinhas do lado. Ou seja, nas condições do Estrela é mais fácil manter uma relação de elevador com uma pessoa de outro andar do que com o morador do lado, com quem há mais probabilidade de se entrar em choque, devido aos problemas já citados. Há algumas "personagens-chave" no prédio que se dão com um maior número de pessoas devido a certas condições particulares. Havia, por exemplo, uma moradora "fundadora" (no prédio desde o habite-se), mulher solteira de seus quarenta anos, muito popular e afável, que tinha um círculo de pessoas, com quem conversava, relativamente grande. Mesmo assim não eram poucos os que não a viam com bons olhos – "muito saída".

O trabalho do pesquisador, enquanto vizinho, não era nada fácil neste contexto, tendo que depender muito de complicadas estratégias de observação e abordagem. Por isso, a utilização complementar de entrevistas mais ou menos formais, aplicadas por pessoas de fora do prédio, foi bastante útil no esclarecimento de algumas atitudes e valores que não seriam facilmente explicitadas a um vizinho que é muito mais um *inimigo potencial* do que um estranho, que bate a sua porta e que, provavelmente, jamais voltará a ser encontrado. Mesmo assim várias pessoas recusaram-se a receber entrevistadores.

Se a relação com os vizinhos tem este caráter, como se comunicam os moradores do Estrela? Parece-me que um dos mais efetivos meios de comunicação no prédio é o boato, o *rumour*. Raymond Firth no seu *Rumour in a Primitive Society* diz que as principais características do *rumour* são " ... falar ou informar de coisas que ouviu-se dizer, não expressão original; divulgar ou espalhar tal informação através do grupo social; afirmativas de base duvidosa ou não verificadas".* Ora, no Estrela, onde pouco as pessoas se falam, boatos são espalhados frequentemente através do edifício. Existem dois tipos básicos de *rumour*. O primeiro gira em torno de indivíduos, moradores do prédio. São informações a respeito de problemas pessoais de moradores, por exemplo: "Fulano bateu

* Firth, Raymond, "Rumour in a Primitive Society", em *Tykopia Ritual and Belief*, Beacon Press, Boston, 1967.

na mulher e chamaram a polícia." Na realidade, fulano discutiu em altos brados com a mulher e algum vizinho comentou que teve vontade de chamar a polícia. Ou, então, sicrano vai se mudar essa semana, quando sicrano comentara que estava querendo se mudar. Etc. etc. Esse tipo de boato, geralmente, é espalhado por certos "especialistas" como os empregados do prédio, as empregadas domésticas (que existem no prédio em número relativamente pequeno, por motivos óbvios), alguns adolescentes que passam o dia na portaria e por algumas dessas pessoas "que se dão com muita gente". É uma maneira de "informar" os moradores a respeito de seus vizinhos, de falar mal das pessoas de quem não se gosta etc. O outro tipo de *rumour* é o que gira em torno dos problemas do prédio de um modo geral, como "Vão desligar a água daqui a uma hora", "Amanhã não vai ter elevador", ou "Ouvi dizer que vão aumentar o condomínio". Da mesma forma do que no caso anterior a notícia é transmitida de uma maneira pouco vaga, talvez na fila do elevador ou dentro dele, num tom meio descomprometido. Neste caso qualquer morador pode ser portador do boato, passando-o para um vizinho a quem cumprimenta ou diz bom-dia. Há um certo consenso de que essas notícias podem ser transmitidas com uma certa liberdade. Afinal de contas, está-se fazendo um favor ao divulgar uma informação deste tipo. Neste caso pode-se dizer que as pessoas expressam através dos boatos seus receios e insegurança. Essas coisas, afinal de contas, acontecem frequentemente e a *maioria esmagadora dos moradores não participa dessas decisões*. Ao ser espalhado um boato desses, em pouco tempo muitos moradores estão mobilizados e revoltados. Normalmente, dependendo do caso, vão protestar junto ao porteiro ou ao síndico. Muitas vezes há um "fundo de verdade" no boato. Realmente, algum empregado do prédio podia ter ouvido o síndico falar com o porteiro que talvez fosse bom desligar a água mais cedo ou coisa do gênero. De certa maneira, portanto, este tipo de *rumour* antecipa-se a alguma possível ação que vá prejudicar os moradores. Ou seja, o boato, neste contexto onde, praticamente, não há decisões "comunitárias", serve de defesa contra decisões "externas" em relação às quais não há outros meios de controle. Nessas situações podem surgir "lideranças" eventuais de moradores mais exaltados, mas que não apresentam maior continuidade. Mesmo as pessoas que na véspera estiveram juntas, discutiram, trocaram ideias etc., normalmente no dia seguinte ao se encontrarem no elevador trocarão cerimoniosos bons-dias como se nada houvesse acontecido. A "intimidade" continuará resguardada.

Já falei duas vezes, de passagem, sobre jovens em Copacabana. Acho que o estudo antropológico dessas "turmas de rua" e de "portaria" poderia ser bastante estimulante. No caso do Estrela, há um pequeno grupo de adolescentes que constitui uma "turma de portaria". Afinal de contas, vão constituir talvez o único grupo de moradores do prédio que têm vida de grupo regular. Não passam de uns seis ou sete rapazes, entre uns 12 e 15 anos. Quando não estão na escola, que não ocupa mais de quatro ou cinco horas do dia, estão quase sempre em frente ao prédio, na portaria propriamente, às vezes perto da esquina da rua Barata Ribeiro. Como estão sempre por ali, têm condições de saber mais sobre o que passa no edifício do que outros moradores. Veem quem entra e sai, com quem, ouvem as reclamações, conversam com os empregados etc. Conversando entre si trocam informações a respeito do que se passa no andar de cada um. Chegando em casa contarão muito do que ouviram durante o dia, servindo, portanto, de veículo importante de boatos e informações de modo geral. Por outro lado, fazem vida de rua, observando o que se passa na Bolivar e arredores, conhecem alguns rapazes de outros prédios etc. As atividades do grupo são bastante limitadas. Não há lugar próprio para recreação ou esporte. No verão vão mais à praia, que é, evidentemente, o local de recreação do copacabanense, mas este grupo do Estrela não faz "vida de praia", ao contrário de outros grupos de jovens em Copacabana. A razão talvez seja um maior controle por parte dos pais, que estão sempre "conferindo" por onde andam os filhos. A prática de esportes, especificamente, é bastante difícil. A rua Bolivar é muito movimentada, o dia todo, para permitir qualquer tipo de atividade esportiva. Fora isso, limitam-se a ir ao cinema e a ocasionais "festinhas" por perto, nos fins de semana. Logo, a atividade básica do grupo consiste em ficar na portaria do prédio conversando sobre futebol (muitas vezes com os empregados), sexo e acontecimentos do prédio.

Alguns moradores do prédio davam mais "assunto" do que outros. Um deles era a "louca". Mulher de seus cinquenta anos, com o passado de algumas internações em hospitais psiquiátricos, sempre reclamava de tudo, andando com um ar bastante agressivo, causando temor à maioria dos moradores. Compunha o estereótipo da "louca", com cabelos desgrenhados, "olhar alucinado" etc. Outra personagem que inclusive conversava muito com os rapazes era um homem de seus trinta anos, com fama de "conquistador" no prédio. Aparentemente melhor financeiramente do que a maioria dos moradores, criava a imagem do D. Juan. O apartamento era próprio, tinha carro e fazia questão de impressionar os rapazes com suas histórias. Aparentemente era sustentado pelo pai. Tinha a impressão de que este personagem representava para a maioria dos rapazes um ideal de vida – "rico", "livre".

As moças dessa idade não participavam do grupo. Não havia um círculo equivalente de garotas. Aparentemente ficavam mais em casa ou saíam mais com parentes ou colegas de escola. Três ou quatro moças de seus vinte, vinte e poucos anos, frequentavam-se, indo umas nos apartamentos das outras; mas, ao contrário dos garotos, não se caracterizavam como sendo "do prédio", não constituindo nada semelhante a uma "turma". Pouco ficavam, inclusive, no Estrela, saindo muito. Aparentemente não estavam muito satisfeitas vivendo ali.

É evidente que as relações dos habitantes do Estrela não se limitam às relações dentro do prédio. Como viu-se, estas se caracterizam por grande isolamento dos moradores de um modo geral. Mas estes não vivem apenas ali. Movimentam-se numa grande metrópole de mais de quatro milhões de habitantes, encontrando no seu cotidiano pessoas e situações variadas e díspares; ou seja, existem alternativas em termos de relacionamento, pelo menos em princípio.

Todos os homens adultos do prédio trabalhavam ou tinham trabalhado (aposentados e desempregados). Entre as 45 mulheres entrevistadas, apenas dez trabalhavam fora e mais duas trabalhavam regularmente em casa (costureiras). Como já disse, várias das mulheres que se definiram como donas de casa, prendas domésticas sua atividade, já trabalharam ou trabalham em certas atividades eventuais em domicílio, como forma de reforçar o orçamento da família. Entre as dez entrevistadas que trabalhavam fora, quatro eram solteiras e uma viúva. É bom lembrar a existência das quatro prostitutas que estão incluídas entre as 45 mulheres. Na ocasião das entrevistas, não tinham nenhum emprego regular, embora todas tenham declarado já ter tido algum dia emprego fixo. Entre os menores (não incluídos nas entrevistas), alguns trabalhavam em tempo parcial. Um, por exemplo, era boy num escritório de um parente, outro ajudava um tio a vender terrenos etc. É interessante chamar a atenção de que em quase todos os casos de menores trabalhando havia uma relação com algum parente. Voltaremos a isso adiante.

Portanto, basicamente, é a população masculina que trabalha fora. Poucos são os casos de família com marido vivo em que as mulheres tenham um emprego fixo fora de casa. Algumas declararam querer trabalhar, mas que não achavam emprego. O resultado disto é que as relações de trabalho estão, de modo geral, limitadas aos homens. Pelo que pude observar, tanto entre os homens como entre as mulheres que trabalham fora há pouco contato com colegas de trabalho fora do escritório, loja, repartição etc. As visitas são raras. Um senhor declarou enfaticamente não gostar de "misturar as coisas". Outro disse que não fazia amizade no trabalho para "manter o respeito". De qualquer forma, estas pessoas encontram outras quando vão trabalhar, enquanto a maioria das mulheres fica no prédio e arredores. É evidente que vão à rua para fazer compras e, em certas ocasiões, passear. Fica bastante claro que o tipo de contato social predominante que estas mulheres vão ter é com parentes. A frequência deste contato varia bastante em função da maior ou menor proximidade da residência. Assim, há mulheres que fazem "programas" com uma irmã da Tijuca uma vez por mês, enquanto outra pode ver a irmã que mora a duas quadras quase diariamente. O que parece óbvio é que a mulher que mora perto de parentes sai mais, faz mais "programas" do que a que não desfruta esta situação. Algumas pessoas declararam nas suas entrevistas que vieram para Copacabana "para ficar perto dos parentes". O fato é que, ao contrário do que poderia se supor, as relações com a parentela são extremamente importantes para o nosso universo. Parece claro também que há uma ênfase matrilateral nos contatos com os parentes. O fato da maioria das mães não trabalhar fora faz com que haja um contato mais regular e frequente com os seus parentes femininos que, em princípio, não trabalham fora também. Isto não quer dizer que seja a mesma situação da família Newbolt estudada por Elizabeth Bott,* pois no caso do Estrela

---

* Ver Bott, Elizabeth, *Family and Social Network*, Tavistock Publications, Londres, 1957.

há uma grande variação desde um contato intenso, permanente, como naquele caso, até contatos bastante esporádicos, fundamentalmente devido ao fato já citado de em muitas situações os parentes morarem longe. Assim, em termos de um contínuo, num extremo está o caso em que o indivíduo ou a família mantêm permanente contato com seus parentes. Em alguns apartamentos viviam famílias que não constituíam, obviamente, clássicas famílias elementares. Encontrou-se, por exemplo, um casal jovem com dois filhos, vivendo no mesmo apartamento com os pais da esposa. Em outro vivia um casal com uma filha pequena, o pai e uma irmã adulta da esposa. No primeiro caso o avô recebia uma aposentadoria com que participava nas despesas da casa. No segundo caso a irmã da esposa trabalhava colaborando financeiramente para a manutenção e despesas. Os avós, nos dois casos, ajudavam a tomar conta das crianças e a avó cozinhava no primeiro caso. Portanto, seria uma situação intermediária entre a família extensa e a família elementar com agregados. Encontrou-se, com maior frequência, a presença de um dos avós vivendo com os filhos e netos. Interessante, mais uma vez, enfatizar que nestas situações quase sempre tratava-se do avô ou avó materna. Aparecem também sobrinhos ou sobrinhas vivendo com os tios – em quatro apartamentos havia esta situação. Nestes casos é importante chamar a atenção para a precária situação destas famílias em termos de espaço, com cinco, seis ou sete pessoas vivendo num apartamento de 39m². Há, no entanto, um nítido predomínio de pequenas famílias. Doze apartamentos dos sessenta visitados eram habitados por casais sem filhos, constituindo famílias conjugais. Em nove outros vivem casais com apenas um filho, constituindo famílias elementares mínimas. Fora os casos já citados, nos outros apartamentos viviam famílias elementares com dois, três filhos. Nos casos de famílias conjugais e elementares, é interessante observar, repito, como a maior ou menor intensidade e frequência de contatos sociais dependerá, fundamentalmente, do local onde moram os parentes. Enquanto nos casos citados de avós, irmãos, sobrinhos vivendo agregados, a família apresenta uma maior "autonomia" à medida que as mulheres adultas se ajudam, dividindo tarefas, saindo juntas etc., a dona de casa nas famílias conjugais elementares estará mais só. Nesta situação o papel dos parentes torna-se também importante. Já mostrou-se o caráter matrilateral deste relacionamento com a importância da família da mãe. Mas, além dos casos dos parentes definidos como mais íntimos (mães, irmãos) morarem no Rio, mas longe, há diversos casos em que não há parentes próximos na cidade. Como vimos, muitos de nossos entrevistados vieram de outros estados (mais de 50%). Vários não têm família no Rio além dos esposos. O tipo de atividade social destas famílias, sem parentes próximos na cidade, será reduzido a um mínimo. Pouco saem de casa. Pouco visitam e, praticamente, não são visitados. É interessante que, pelo fato dos apartamentos serem pequenos, é considerado difícil receber pessoas. Mesmo nas famílias com parentes perto a tendência é ir visitar aqueles que tenham casa ou apartamentos maiores. As festas de aniversário de criança são das raras ocasiões em que recebem pessoas. Mesmo assim, se possível, fazem a festa na casa de algum parente que seja maior e mais cômoda. Há algumas outras alternativas, em alguns casos, para os parentes. Algumas pessoas no Estrela mencionaram antigos vizinhos e amigos do bairro ou cidade de origem que moravam por perto e com quem mantinham um certo contato. Ou seja, são encontradas situações em que grupos de vizinhança, por exemplo da Tijuca, transferiram-se parcialmente para Copacabana, mantendo certos vínculos. O que parece evidente, no caso do Estrela, é que poucas pessoas fizeram relações de amizade depois que para ali se transferiram, mantendo laços, quando possível, com parentes ou antigos vizinhos e amigos de outra época e outro lugar. Alguns destes transferiram-se para Copacabana ou Zona Sul, de modo geral, possibilitando um contato mais frequente. Outros que ficaram no lugar de origem são vistos mais raramente. Uma característica interessante no comportamento dos moradores do Estrela é a sua atitude negativa em relação a sair do bairro para visitas. Têm enorme dificuldade de se deslocar. Uma visita a um parente da Zona Norte ou do subúrbio é um verdadeiro acontecimento, encarado como problemático. Mesmo levando em conta que poucos dispõem de condução própria, uma viagem de ônibus até a Zona Norte dificilmente leva mais de uma hora, embora alguns subúrbios exijam a utilização de ônibus e trem para ali chegar e bem mais tempo. O fato é que um "programa" desses é considerado uma operação bastante complicada. É muito mais fácil as pessoas da Zona Norte e subúrbios virem a Copacabana para "fazer compras", ir à praia etc. O fato é que me parece que a volta ao lugar de origem pode ser muito ambígua para este tipo de copacabanense. Muitas vezes parece haver uma tentativa de "apagar" o fato de terem morado lá. Nessas situações são muito comuns frases como "Não sei como morei nesse lugar".

Em resumo, parece-me que a família para os indivíduos pesquisados sem, obviamente, absorvê-los totalmente nem constituir um grupo corporativo ocupa uma posição excepcional nos seus *networks*,* constituindo, de modo geral, a principal alternativa em termos de relações sociais. É claro que pelo fato de se tratar de um universo bastante heterogêneo, há uma grande variação. Foram encontradas pessoas sem parentes no Rio de Janeiro. Estas, portanto, são obrigadas a armar outras estratégias de sobrevivência. As que chegaram recentemente seriam as mais "sozinhas". Com

* Para a utilidade do conceito *network* no meio urbano, ver, especialmente, *Social Networks in Urban Situations*, org. por J. Clyde Mitchell.

o passar do tempo algumas conseguem estabelecer relações mais estáveis. Parece mais ou menos claro que há uma tendência destas pessoas se encontrarem, estabelecendo mecanismos de identificação. Alguns casais pesquisados apresentavam uma biografia que confirmaria esta tendência, quando ambos os membros do casal oriundos de diferentes estados ou cidades passaram a se apoiar reciprocamente. Há outros casos de amizades que se fazem em função deste *background* comum. No Estrela encontramos quatro apartamentos habitados por amigos, sem laços de parentesco. A maioria das pessoas que habitava estes apartamentos tinha se conhecido no Rio. É uma estratégia também que permite morar em Copacabana, juntando dois ou três orçamentos que, isoladamente, não permitiriam isto. Na realidade, este tipo de pessoa funciona numa espécie de "subcultura" muito particular em que a principal característica é a difícil e complexa descoberta da grande metrópole. Parece haver uma relativa instabilidade em termos de moradia, pois que pelo fato de dependerem de dois ou três orçamentos estão sujeitos a crise diante de qualquer problema em seu relacionamento.

É evidente que existem outros mecanismos. Duas senhoras, uma que morava sozinha e outra que residia com uma sobrinha, tiveram frases quase idênticas, explicando o seu modo de vida. A primeira disse que "A televisão é minha melhor amiga", e a segunda que "A televisão é o meu marido". Várias pessoas, homens e mulheres, afirmaram que não precisavam sair de casa para se divertir ou fazer visitas, pois tinham televisão. Mais uma vez sou levado à problemática *white-collar* de Mills:

"Contudo, é nesse mundo dos *colarinhos-brancos* que se devem procurar as características da vida no século XX. Por seu crescimento numérico, eles desmentiram as previsões do século XIX de que a sociedade se dividiria em empresários e assalariados. Pelo seu estilo de vida em massa, transformaram a atmosfera da experiência americana. Trazem em si, de maneira bastante reveladora, a maior parte dos temas psicológicos característicos de nossa época, e qualquer teoria geral das grandes tendências da sociedade deve levá-los em consideração. Antes de tudo, formam um novo elenco de atores que desempenham as principais rotinas da sociedade do século XX." Mais adiante continua o autor: "Criação recente de uma era cruel, o homem do colarinho-branco não tem cultura própria, a não ser os conteúdos da sociedade de massas que o moldou e procura aliená-lo. Para sentir-se seguro deve lutar para ligar-se a algum lugar, mas nenhuma comunidade ou organização parece ter sido feita para ele. Sua posição isolada faz dele um excelente material para a modelagem sintética da cultura popular, imprensa, cinema, rádio e televisão. Como habitante da cidade, está especialmente disponível para o ataque violento das lealdades e diversões pré-fabricadas sobre aqueles que não fizeram o mundo onde vivem."*

Embora não haja dúvida de que Mills está se referindo especificamente aos EUA, o fenômeno *white-collar* não é, obviamente, privilégio daquele país. Resta verificar até que ponto pode ser feita uma análise semelhante em relação aos habitantes do Estrela e de Copacabana, de modo geral. A afirmação de que o "homem de colarinho-branco não tem cultura própria" parece-me refletir uma visão um tanto mecânica dos fenômenos sociais, e isto em relação a qualquer país ou sociedade. Mas ficando apenas no nível do nosso universo, algumas reflexões interessantes podem ser feitas. É indiscutível que os habitantes do Estrela, dos edifícios vizinhos e de toda Copacabana participam, enquanto, basicamente, consumidores da chamada cultura de massas. A televisão, obviamente, é um dos bens mais valorizados. Nos horários de novela e de

* Mills, C. Wright, *A Nova Classe Média*, Zahar Editores, Rio de Janeiro, 1969, p.18.

programas tipo Chacrinha não se fazia outra coisa. É claro que isto não é privilégio do Estrela. Quando chegava-se à janela, nessas ocasiões, em todos os edifícios vizinhos viam-se as pessoas em volta do aparelho. Algumas observações, no entanto: a maioria da população adulta do prédio não nasceu numa "cultura de televisão", ou seja, passaram a ser público de televisão numa etapa posterior à infância e, muitas vezes, à adolescência. É evidente que antes foram expostos a outros veículos – rádio, revistas etc. Por outro lado, absorveram outros conteúdos transmitidos por diferentes tipos de veículos: a família "tradicional", na maioria dos casos uma certa educação religiosa transmitida não só pela família, como também pela Igreja (quase sempre católica) etc. Muitos dos indivíduos são de pequenas cidades do interior de diferentes regiões do país com tradições específicas. A própria participação, em grau e qualidade, na "cultura de massas" variará em função das diferentes faixas etárias. Esta heterogeneidade é fenômeno visível e percebem-se algumas importantes variações em termos de estilo de vida. Por exemplo, o comportamento religioso. Embora quase todos se declarassem católicos, foram encontrados indivíduos que iam à igreja todos os domingos e dias santos, outros que jamais iam à igreja, alguns umbandistas, espíritas e até um maçom. Isto sem mencionar os ateus. Já foi exposto, de maneira sucinta, o tipo de relacionamento com a parentela, o que coloca outro problema: até que ponto "nenhuma comunidade ou organização" existe para o habitante do Estrela. Ou seja, parece-me que é preciso tomar cuidado com uma visão que faz da cultura de massa uma entidade todo-poderosa "moldando" e "esmagando" este tipo de pessoa. É verdade que os mecanismos de comunicação de massa existem e constituem um fator homogeneizador. Mas não se trata de um fenômeno todo abrangente, determinando todas as dimensões da existência do universo em estudo. Ou seja, pelo menos no caso de meu objeto de pesquisa, a vinda para Copacabana (ou em alguns casos para a grande cidade) não significa a perda de uma série de vínculos e características culturais e a submersão nas "lealdades e diversões pré-fabricadas". Não estou querendo, com isso, dizer que a "cultura de massas" não é um fenômeno importante e que não existem mudanças nos valores individuais. É importante, no entanto, não ver os indivíduos e sua vida como "resultado" da ação de uma cultura de massas que seria uma espécie de determinante todo-poderosa. Ela é apenas um dos aspectos, uma das dimensões da vida nas sociedades complexas contemporâneas. A sua capacidade de homogeneização é limitada e a maneira como será interpretada variará muito. Os "conteúdos da sociedade de massas" não são invenção de tecnocratas e homens de propaganda maquiavélicos, mas são o resultado do confronto de diferentes tradições e expectativas culturais. Em outras palavras, não constituem algo exterior a uma "cultura autêntica", mas fazem parte de um processo cultural que se concretiza no nível das relações sociais e na distribuição de poder dentro da sociedade. É minha hipótese que as decisões que estão sendo examinadas neste trabalho giram em torno, essencialmente, de símbolos que expressam essa distribuição de poder dentro da sociedade. Esses símbolos são de prestígio, status e, em última análise, expressam uma determinada visão da socie dade comum ao universo pesquisado. Portanto, são expressão de *relações* estruturais. Podem-se manifestar através dos veículos de comunicação de massa, mas não são produtos destes. Expressam-se em diferentes níveis, inclusive na chamada cultura de massas. Portanto, os indivíduos pesquisados participam da cultura de massa, mas não são determinados por ela propriamente. A influência que esta vai exercer sobre eles está condicionada a sua capacidade de transmitir ou reforçar um sistema ideológico "já dado". Acompanho a distinção que Firth faz entre cultura e sociedade:

"Se a sociedade é considerada um agregado de relações sociais, então cultura é o conteúdo dessas relações. Sociedade enfatiza o componente humano, o agregado de pessoas e as suas relações. Cultura enfatiza o componente de recursos acumulados, tanto imateriais como materiais, que as pessoas herdam, utilizam, transformam, acrescentam e transmitem."*

* Firth, Raymond, *Elements of Social Organisation*, Londres, Watts, 1951.

3. Os outros moradores do bairro

Gosto de saber que existe movimento e confusão
na esquina de casa. Na hora que eu quiser, me perco nela.
(Um habitante do bairro)

Aplicamos 142 questionários a moradores de Copacabana. A pergunta básica foi a mesma das entrevistas no Estrela: por que Copacabana? Tive a preocupação de poder comparar os dois grupos. Para impedir que tivesse uma visão possivelmente muito particular da problemática do bairro, foi necessário ter acesso a outras pessoas.

Era importante encontrar copacabanenses do posto 6 ou do 1, moradores da avenida Atlântica ou da rua Siqueira Campos, habitantes de apartamentos de dois, três, quatro ou cinco quartos. Proprietários e inquilinos. Proprietários, principalmente, para comparar com um grupo predominantemente de inquilinos, como o do Estrela. Era necessário também classificar os copacabanenses quanto à sua época de chegada ao bairro. Enfim, pretendi tornar complexo o problema. Sem abandonar a preocupação de análise específica do Estrela, achei importante dimensionar as respostas encontradas, enquanto visão do mundo de um grupo mais ou menos abrangente. Na realidade, como veremos adiante, as respostas revelaram grande homogeneidade. Assim, foi importante diversificar as pessoas pesquisadas para poder aquilatar a extensão dessa homogeneidade. Responderam ao questionário noventa proprietários e 52 inquilinos. O que importa, no caso, é menos a representatividade numérica e mais a possibilidade de perceber diferenças significativas na visão do mundo e nas representações dos dois grupos. Era, evidentemente, bastante importante diferenciar os que têm dos que não têm a propriedade do lugar onde moram.

Cento e trinta pessoas informaram o local de seu nascimento – 49 inquilinos e 81 proprietários:

QUADRO VII

NATURALIDADE	INQUILINOS	PROPRIETÁRIOS	TOTAL
Guanabara	15	40	55
Estado do Rio de Janeiro	2	8	10
São Paulo	5	3	8
Minas Gerais	7	6	13
Bahia	4	4	8
Espírito Santo	1	1	2
Ceará	1	3	4
Paraná	2	1	3
Rio Grande do Sul	4	5	9
Santa Catarina	1	1	2
Pernambuco	–	3	3
Maranhão	1	–	1
Piauí	1	–	1
Mato Grosso	1	1	2
Alagoas	–	1	1
Pará	2	2	4
Portugal	1	–	1
Polônia	–	1	1
Hungria	–	1	1
Irã	1	–	1
TOTAL	49	81	130

Assim, tanto no Estrela como aqui, encontraram-se cerca de 40% de cariocas. Nos dois quadros verifica-se que, em segundo lugar, vêm os mineiros, mais ou menos também com a mesma percentagem: 10%. Por outro lado, a percentagem de paulistas é a mesma – 6%. As diferenças que foram encontradas referiram-se à proporção de pessoas vindas do Norte e do Sul, propriamente dito (Rio Grande do Sul, Paraná e Santa Catarina). No Estrela há 24% de nortistas (inclui-se aí tanto o Nordeste como a região Norte do país) e na amostragem dos questionários, 17%. Quanto aos sulistas, temos 2,5% no Estrela e 11% no questionário. Enfatizando a precariedade numérica dos dados, sou levado a levantar a hipótese de que em edifícios como o Estrela são encontrados em maior proporção indivíduos originados dos estados menos desenvolvidos da Federação. Encontrou-se o mesmo número de estrangeiros no Estrela e nos questionários: quatro, ou seja, 5% dos entrevistados no edifício tinham nascido fora do Brasil, o que não deixa de ser uma taxa elevada, comparada com os 3% encontrados nos questionários, embora possa ser apenas coincidência. Parece-me dado bastante significativo para a discussão o fato de 25% dos moradores do Estrela e 30% dos respondentes dos questionários terem vindo de outros estados (ou países) diretamente para Copacabana. A bastante expressiva declaração de uma pessoa que respondeu ao questionário ilustra este fato: "Nortista quando vem ao Rio fica em Copacabana ou morre. Se não consegue morar aqui, enlouquece."

Quanto aos bairros em que moravam as pessoas antes de se mudarem para Copacabana, encontrou-se a seguinte distribuição:

QUADRO VIII

BAIRROS	Nº DE PESSOAS
Ipanema	11
Leblon	2
Gávea	1
Jardim Botânico	2
Botafogo	13
Flamengo	4
Lagoa	1
Glória	2
Santa Teresa	1
Laranjeiras	1
Catete	1
Urca	6
Tijuca	23
Grajaú	4
Engenho Novo	1
Vila Isabel	3
Méier	2
Rio Comprido	1
Madureira	1
Brás de Pina	1
Penha	1
Ramos	2
Bangu	1
Ilha do Governador	1

Assim, das 122 pessoas que declararam onde residiam antes de morar em Copacabana, 86 (70%) vieram de outros bairros ou subúrbios da cidade, enquanto 36 (30%) chegaram direto de outros estados ou países, sem etapas intermediárias no Rio de Janeiro.

A Tijuca, assim como no Estrela, tem a maior participação. No edifício estudado, nove indivíduos (12%) eram de lá originários, e nos questionários 23 (quase 20%) dos respondentes. É interessante que dos 23 nada menos de vinte eram proprietários, ou seja, cerca de 87%, enquanto dos 142 respondentes noventa eram proprietários – cerca de 63%. Obviamente, esta proporção indicaria uma melhor situação econômica dos originários da Tijuca, "tradicional bairro de classe média" da Zona Norte. Além disto, a elevada proporção de tijucanos faz crer que a "imagem" de Copacabana tenha ou teve especial atração sobre estes.

Quarenta e cinco pessoas vieram da Zona Sul, 34 da Zona Norte e sete dos subúrbios.

Quanto ao tempo de permanência em Copacabana, encontrou-se o seguinte quadro:

QUADRO IX

TEMPO DE PERMANÊNCIA	Nº DE PESSOAS
menos de 1 ano	6
de 1 a 5 anos	32
de 5 a 10 anos	19
de 10 a 15 anos	21
de 15 a 20 anos	21
de 20 a 25 anos	10
de 25 a 30 anos	6
mais de 30 anos	5

Comparando os proprietários com os inquilinos, verifica-se que 6% dos primeiros e 2% dos segundos estão no bairro há mais de trinta anos; 12% dos proprietários e 6% dos inquilinos chegaram na década de 40; 42% dos proprietários estão em Copacabana desde a década de 50, assim como 27% dos inquilinos. Finalmente, 40% dos proprietários e 65% dos inquilinos chegaram nos últimos dez anos. Fica patente a maior antiguidade dos proprietários e fica clara a tendência, nos últimos anos, de aumento da proporção dos "elementos mais modestos", de que fala Pedro Pinchas Geiger.

Quanto ao Estrela, 58% dos entrevistados chegaram na década de 60, 38% na década de 50, cerca de 2,5% nos anos 40 e 1,5% há mais de trinta anos. Portanto, a população do Estrela é, de modo geral, nova em Copacabana. Como mais de 70% dos entrevistados no prédio são inquilinos, reforça-se a relação inquilino-menor antiguidade.

Agora, vejamos as ocupações das pessoas que se submeteram aos questionários:

funcionários públicos – 3
comerciários – 2
vendedores – 3
corretores – 4
bancários – 6
empregados de escritório – 4
professores – 13
profissionais liberais assalariados – 28
militares – 8
prendas domésticas – 18
estudantes – 14
costureiras – 6
cabeleireiros – 1
manicuras – 2
massagistas – 1
comerciantes – 6
industriais – 1

Há, portanto, um grande grupo de *white-collars* com 63 ou 71 pessoas, se forem incluídos os militares, ou seja, de 52 a 60% das pessoas que responderam aos questionários. Basicamente, a mesma proporção encontrada no Estrela. A diferença estaria no nível dos *colarinhos-brancos*, pois nesta lista há, por exemplo, dois professores universitários, um juiz, pessoas ocupando cargos de chefia etc. No caso dos militares, enquanto no Estrela foram encontrados um major e um sargento, aqui há quatro generais da reserva, dois coronéis (um da ativa e um da reserva), um brigadeiro da reserva e um capitão de mar e guerra da ativa.

O maior grupo é o de profissionais liberais assalariados, sendo maior a percentagem de engenheiros, advogados e economistas. Logo, é diferente do Estrela, onde o maior grupo era o de funcionários públicos. É verdade também que vários dos profissionais liberais e dos professores trabalham em tempo parcial para entidades públicas. É grande o número de mulheres que foram classificadas no grupo de prendas domésticas; aparentemente, a proporção das que têm um "trabalhinho" para ajudar o orçamento familiar é menor do que no Estrela.

O industrial encontrado era dono de uma fábrica de cerâmica de tamanho médio. Entre os comerciantes, diferentemente do Estrela, já são encontrados tipos mais variados, com maiores ou menores negócios.

É importante salientar a participação de um grupo que reúne alfaiates, costureiras, manicuras, cabeleireiras, massagistas etc. Entre os entrevistados do Estrela, somavam mais de 5%, e nos questionários, cerca de 8,5%. Vários falaram que em Copacabana tinham ótima freguesia, melhor do que em qualquer outro lugar. A existência deste grupo é tornada possível pelo tipo de consumo que vigora no bairro e do qual participa imensa população, ávida de comprar determinadas coisas, de vestir-se de acordo com determinada moda e, de modo geral, apresentar-se conforme certo estilo com os sinais de prosperidade (real ou fictícia) e de modernidade. "Em Vila Isabel eu não via as garotas que vejo aqui", "As pessoas se vestem melhor, são mais bonitas", "Aqui estão as mulheres mais lindas do mundo" etc. Estas e outras frases de moradores de Copacabana, falando de seu bairro, ilustram este fenômeno. As pessoas, quando se mudam para Copacabana, em pouco tempo adquirem os sinais exteriores que identificam, ou que elas pensam que identificam, os copacabanenses e passam a ostentá-los como símbolos de sua adesão a um estilo de vida "moderno". A mudança de penteado, a maquilagem, a compra de roupas que estão na moda, no caso das mulheres. Uma "desformalização" nos homens, com a roupa esporte, a bermuda, as sandálias etc. Evidentemente, a ida mais ou menos regular à praia importa a preocupação de ter determinados cuidados com a aparência do corpo. De tudo isso ressalta a importância deste grupo da "indústria da moda e da beleza", conforme definiu uma das manicuras.

Assim, pode-se dizer que, ressaltadas as diferenças, tanto no Estrela como nos questionários, o universo é de indivíduos localizados nos estratos médios da sociedade. Predominam nitidamente os *white-collars* e pessoas ligadas a serviços de modo geral. Existe um número importante de comerciantes. Há muitas mulheres que não trabalham, embora a situação destas últimas possa ser um tanto ambígua. Os adultos estudantes pesquisados totalizaram 9% do universo. A maioria deles trabalhava em tempo parcial em empregos típicos de *white-collar.* Neste caso, a percentagem destes teria aumentado para perto de 70% do universo se tivéssemos incluído os estudantes que trabalham. Prefiro, no entanto, definir a atividade principal como a de estudante, pois, para a discussão principal, esta categoria poderia ser especialmente importante.

Logo, trata-se de examinar a escala de valores e a visão do mundo de um estrato médio urbano, predominantemente *white-collar,* localizado especialmente no bairro de Copacabana, na cidade do Rio de Janeiro. O objeto básico e nuclear da pesquisa é a população de um prédio específico na rua Bolivar, entre os postos 4 e 5. Comparando, permanentemente, o que dizem os habitantes do Estrela com as respostas de outros moradores do bairro, estar-se-á procurando manter um maior controle sobre as respostas. Repito que não pretendo estar trabalhando com "métodos quantitativos" pelo simples fato de ter aplicado questionários a mais de cem pessoas. Acho que poderia ter limitado minha análise e feito apenas as entrevistas com os moradores do prédio estudado. Concordo com Clyde Mitchell quando diz que " ... *Social surveys are one of the means to this end. The categories of quantification in them, however, should be determined by prior theoretical analysis. The findings which emerge from these surveys may then be used to test the generality of hypotheses developed because social surveys are based – or should be based – on samples so selected as to make their findings applicable to the whole population from which the sample is drawn. Quantitative methods may thus be used to refine and deepen the generalizations which have been derived from other methods or to bring regularities which might otherwise have escaped notice*".*

Adiante ficará mais claro o alcance das hipóteses e a maior ou menor relevância dos questionários aplicados.

* MITCHELL, J. Clyde, "Theoretical Orientations in African Urban Studies", em *The Social Anthropology of Complex Societies*, org. por Michael Banton, A.S.A. Monographs 4; Tavistock Publications, 1966, p.41-2:

"... *Surveys* sociais são apenas um dos meios para se atingir este fim. As suas categorias de quantificação, no entanto, devem ser determinadas por análise teórica anterior. Os resultados desses *surveys* podem então ser usados para testar a generalidade das hipóteses desenvolvidas, pois os *surveys* são baseados – ou deveriam ser – em amostragens selecionadas de tal forma que possam permitir que esses resultados sejam aplicáveis a toda a população de onde se retirou a amostragem. Métodos quantitativos podem então ser usados para refinar ou aprofundar as generalizações a que se chegou através de outros métodos ou para trazer à tona regularidades que poderiam ter passado despercebidas."

4. Ideologia e imagem da sociedade

É o bairro melhor, mais importante, mais bonito.
(Um morador de Copacabana)

DESDE, PELO MENOS, Durkheim e Mauss,* os antropólogos têm-se preocupado com *sistemas de classificação*. Como os indivíduos em sociedades ou grupos sociais específicos ordenam e sistematizam o seu mundo social e natural. Trata-se de verificar que *categorias* são utilizadas, como se relacionam e hierarquizam, e os princípios que presidem esta organização. Para chegar a isto estar-se-á trabalhando com as *representações* do universo pesquisado.

O nosso universo situa-se num meio urbano, em uma sociedade "complexa", tendo uma série de características heterogêneas mas apresentando certas experiências básicas comuns. Estou privilegiando o fato de morarem em Copacabana, de terem optado por ir para este bairro (ou ficar). Por outro lado, há um razoável predomínio de indivíduos *white-collars* dentro do universo, esmagadoramente, de camada média. Logo, há uma certa delimitação dos estratos sociais. Embora, em nenhum momento, esteja sugerindo que essas pessoas pensem ou ajam *como grupo*, indico acreditar que o que possa haver de comum nas suas representações está altamente vinculado a sua posição na estratificação social. Mais ainda, chamo atenção para o fato de que um dos aspectos centrais do

* DURKHEIM, Émile, e MAUSS, Marcel, "De quelques formes primitives de classification", em MAUSS, Marcel, *Essais de Sociologie*, Éditions de Minuit, Paris, 1968 e 1969.

material pesquisado refere-se a uma problemática de *prestígio* e "status" dentro de uma sociedade determinada – no caso a brasileira – contextualizada em um bairro de uma de suas principais cidades. O problema de mobilidade social está em jogo. Logo, estão em jogo as ideias que indivíduos de determinados estratos sociais têm a respeito da *distribuição de poder* dentro da sociedade. É por este motivo que falo de *ideologia*. Estou preocupado em enfatizar dentro das representações do universo estudado esta "vertente" ideológica. Não quer dizer que esteja reduzindo essas representações a uma problemática política. Pelo contrário, estarei tentando vincular esta ideologia a sistemas mais amplos ou mais inclusivos. Em última análise, acho que qualquer acepção muito estrita de ideologia que possa reificar o conceito seria pouco útil para entender-se certos tipos de problemática como a que estou estudando. Acho perfeitamente legítimo caracterizar como ideologia, de modo geral, as representações do universo. Mas, por razões de operacionalidade, estou distinguindo as ideias a respeito da *distribuição de poder* de outras "vertentes".

Pesquisamos a imagem de Copacabana junto a 221 de seus moradores e trinta pessoas de outros bairros da cidade. É preciso ressaltar que, dificilmente, uma pessoa limitava-se a um motivo que justificasse a decisão de morar no bairro. Quase sempre havia uma enumeração de razões. A preocupação foi de constatar que *categorias* apareciam com maior frequência. Devido aos motivos expostos acima, chamei-as de *unidades mínimas ideológicas*. Estas palavras, expressões ou frases constituem minhas unidades básicas de análise e a partir delas, de suas combinações e sistematização é que é possível reconstituir não só um *sistema de classificação de base espacial*, mas também formulações de *caráter ideológico* do universo estudado.

Assinalei não só as categorias mais encontradas, mas a sua frequência e o que chamei de frase típica, permitindo situá-las melhor.

UNIDADES MÍNIMAS IDEOLÓGICAS	FREQUÊNCIA	FRASE TÍPICA
"comércio"	43	"É o melhor comércio do Rio"
"praia"	31	"Zona Norte não tem praia"
"em conta"	20	"Era um apartamento em conta"
"parentes"	16	"Queria ficar perto dos parentes"
"condução"	15	"Não falta condução"
"facilidades"	13	"Tem facilidades, tudo à mão"
"viver"	17	"É o único bairro do Rio onde se vive"
"movimento"	13	"A Tijuca é muito parada. Aqui tem muito movimento"
"divertimento"	24	"Não falta divertimento"
"alegria"	5	"Vim sentir a alegria do bairro"
"comodidades"	12	"É um bairro cheio de comodidades"
"liberdade"	4	"Aqui há mais liberdade individual"
"moderno"	8	"Gosto de gente moderna"
"ninguém liga para o que a gente faz"	5	"Aqui é bom, pois as pessoas não ligam para o que a gente faz"
"conveniência"	8	"Por conveniência, por tudo que Copacabana oferece"

Estas unidades mínimas ideológicas não têm um significado em si, mas só à medida que se opõem a outras categorias é que podemos situá-las. Por exemplo, a alegria de Copacabana se opondo à tristeza do Grajaú, ou a liberdade da Zona Sul se opondo ao "abafamento" da Zona Norte. O significado de alegria para um morador de vinte anos pode ser diferente do de um de sessenta. O que importa é que ambos opõem esta unidade mínima ideológica à tristeza de outros bairros em que moraram ou conheceram. O princípio de oposição é que importa.

Apresento agora outras frases em que as categorias apareceram. Mais adiante, apresentarei trechos maiores de algumas entrevistas em que as unidades mínimas ideológicas aparecem se combinando, formando conjuntos articulados. Não analiso todas as categorias mencionadas, mas apenas algumas que me parecem especialmente sugestivas.

"*Comércio*": Quarenta e três pessoas mencionaram comércio como motivação. Foi a categoria que apareceu mais: "É o melhor comércio do Rio", "O comércio tem tudo, não falta nada", "O comércio, do jeito que está, não se precisa ir mais à cidade" etc.

Obviamente, isto indica a preocupação com o *consumo* como fundamental para a decisão de morar no bairro. A possibilidade de adquirir coisas, bens, traduz-se, também, na categoria *facilidades* (13 vezes). É mais fácil, cômodo, ter acesso a determinados bens valorizados em Copacabana do que num subúrbio, por exemplo. Não estou afirmando que, necessariamente, o consumo das pessoas que se mudaram para o bairro alterou-se ou aumentou. Importa, para a análise, assinalar como elas definem e representam as vantagens de Copacabana.

"*Parentes*": Dezesseis pessoas citaram a presença de parentes como atração: "Vim morar perto dos parentes", "Queria ficar perto dos parentes", "Minha mãe e eu resolvemos morar juntas" etc. É importante assinalar que os parentes a quem estas pessoas estão se referindo são, geralmente, pais, irmãos, filhos, sogros e, mais raramente, tios, primos e sobrinhos. Seria interessante aprofundar o estudo sobre as relações de parentesco em Copacabana. Embora a simples distância física não signifique, necessariamente, que os laços de parentesco não sejam importantes, verifica-se uma tendência nestas 16 pessoas de procurarem se aproximar espacialmente de seus parentes. Verificou-se a importância destes na estratégia de vida dos membros do universo, afastando qualquer hipótese sobre a anulação das relações com a parentela. Por outro lado, é importante frisar que a presença de parentes no bairro foi, quando citada, a razão mais enfatizada para mudar-se para Copacabana, ou seja, não parece haver oposição entre aspirações a se levar uma vida "moderna" e a manutenção de laços com parentes para grande parte do universo pesquisado. Quando isto aparece, vem dentro da categoria *liberdade*.

"*Liberdade*": Apareceu quatro vezes: "Aqui há mais liberdade individual", "A gente se sente mais livre" etc.

Nos quatro casos, duas eram pessoas de menos de trinta anos e uma era um homossexual que definiu claramente que se sentia menos reprimido em Copacabana. A ideia de liberdade vem associada nestes três casos ao problema sexual. Liberdade de fazer "programas", de receber pessoas em seus apartamentos etc. Duas dessas pessoas disseram que precisavam se afastar dos parentes pois "estes se metiam na vida deles". A categoria examinada aproxima-se de "Ninguém liga para o que a gente faz" (cinco vezes): "A gente tem a liberdade de fazer o que quer sem se preocupar com os outros", "Aqui é bom, pois as pessoas não ligam para o que a gente faz", "Ninguém se mete na vida dos outros" etc.

A preocupação em "não ser controlado" preside estas respostas. Viver "modernamente" significa não sofrer restrições por parte de outras pessoas – parentes, vizinhos etc.

"*Moderno*" (oito vezes): "Leva-se uma vida moderna", "As pessoas e as coisas são modernas, animadas", "É o bairro mais moderno" etc. A modernidade de Copacabana se opõe ao "atraso da Zona Norte, do subúrbio, de outro estado" etc. Vem associada a "comércio", "facilidades", "recursos", mas também a alegria, animaçao – "Vim para Copacabana para me distrair, para sentir a alegria do bairro", "A Tijuca era muito triste, enquanto Copacabana é o bairro mais alegre do mundo" etc. Há uma forte expectativa em torno da "alegria" do bairro e de seus moradores. "Facilidades", "recursos" significam "divertimentos" (24 vezes) também: "Aqui tem todo tipo de divertimento", "Divertimento é o que não falta. A gente se diverte até na rua vendo as pessoas", "Cinema, teatro, praia. Nós aqui temos todos os tipos de divertimento" etc. Existe a premissa de que as pessoas devem se "divertir" e não tem sentido levar uma vida "triste", "parada". Aí pode aparecer com muita clareza uma consciência de mudança: "Agora não é mais como antigamente. As pessoas querem se divertir, aproveitar a vida", "Vivi mais de trinta anos levando vida de subúrbio, triste, sem graça. Agora aprendi a me divertir aqui", "No tempo de meus pais não se valorizavam essas coisas, mas ninguém ligava. Mas não vou viver como meus pais nem espero que meus filhos vivam como eu. O que eu sei é que tenho horror de vida de cidade do interior" etc. Portanto, "modernidade" se opõe a "atraso", que é também localizado espacialmente em outros locais – Madureira, Patos de Minas, Ceará, Campo Grande etc.

"*Variedade*" (cinco vezes): "É um bairro de gente exótica, diferente, variada. No subúrbio é tudo igual, sem graça", "Aqui há variedades de coisas para fazer, para se ver" etc.

O que é "moderno" deve ser "alegre" e a "variedade" é uma das condições essenciais. Opõe-se a monotonia, a rotina etc. Uma vida interessante é uma vida em que acontecem coisas, em que se encontram pessoas "diferentes", ou seja, uma vida "que vale a pena". É bom lembrar como descrevi a vida do Estrela, o isolamento das pessoas, o círculo limitado de amizades. As pessoas, de modo geral, falam em "ver" pessoas ao mesmo tempo que em outro nível da entrevista afirmam não querer se meter com ninguém, que a "televisão é minha melhor amiga" etc. Daí, mais uma vez, a ambiguidade do discurso do universo pesquisado. Em princípio, poderíamos falar de "valores conflitantes". Mas isto é antes de tudo uma descrição e não uma reflexão mais consequente. Voltarei ao assunto depois.

"*Viver*". "Viver" e "vida" surgiram em 17 respostas: "É mais fácil viver", "Facilidade de vivência", "É o único bairro do Rio onde se vive", "Aqui a vida é melhor", "Não poderia viver em outro lugar", "A vida é melhor do que em qualquer outro lugar", e assim por diante. É interessante como "vida" pode surgir nas respostas opondo-se a morte, diretamente: "No subúrbio não se vive. Vida boa é a de Copacabana." "Tristeza", "abafamento", "monotonia", "falta do que fazer" é para a maioria esmagadora do universo a antivida, a estagnação, uma forma de morte. Importante é assinalar que nos raríssimos casos do nosso universo de pessoas que não gostavam de Copacabana, a própria caracterização de "movimento", "recursos", "agitação", "barulho" etc. passava a ser a antivida, enquanto a "tranquilidade", o "sossego", a "paz de espírito" eram definidos como "vida". Por isso, mais uma vez é preciso enfatizar os limites da pesquisa aqui apresentada. Tudo indica que em setores com menor predomínio do tipo *white-collar* aqui citado, especificamente em grupos chocados com os "excessos da urbanização", a relação seja semelhante à apresentada por essa minoria de nosso universo. Lembro também que a preocupação central é com princípios e não com conteúdos. Estes ilustram a problemática, têm uma importância em si mesmos, mas o que estará em jogo, em última análise, é a forma pela qual esses conteúdos se apresentam.

Passando para o pequeno grupo, menos entusiástico, encontram-se duas pessoas que "morariam em qualquer lugar", "que não se importam de residir no bairro". Uma afirmou que o que importava era o apartamento, que "moraria em qualquer lugar desde que o apartamento fosse bom". Outro afirmou que só fazia questão de morar na Zona Sul, junto ao mar. Dois antigos habitantes de Ipanema admitiram que só moravam em Copacabana porque em Ipanema era mais caro e que não tinham condições financeiras de morar lá. É interessante que só estes disseram isto, entre os 19 ex-moradores de Ipanema encontrados. Os outros, quase todos, explicitaram que "Copacabana era melhor, tinha mais vida e recursos".

Apenas cinco afirmaram, claramente, que não gostavam do bairro de Copacabana: "Não gosto do barulho, do movimento e da falta de sossego", "Ninguém pode aguentar morar aqui com esta bagunça", "Já foi bom, mas agora é insuportável". Nestes casos uma alternativa "melhor" foi apresentada, não havendo coincidência – Jardim Botânico, Barra da Tijuca, Ipanema, Gávea e Urca. A hierarquia de bairros permanece com Copacabana ocupando posição de inferioridade.

Foram também pesquisadas trinta pessoas fora de Copacabana: quatro da Tijuca, duas do Centro, duas do Flamengo, duas de Botafogo, duas de Ipanema, duas de Laranjeiras e uma de cada um dos seguintes bairros ou subúrbios: Madureira, Andaraí, Bonsucesso, Méier, Cavalcanti, Vila Isabel, Ramos, Urca, Catete, Glória, Grajaú, Santa Teresa, São Cristóvão, Ilha do Governador, Paquetá e Engenho de Dentro. Vinte gostariam de mudar-se para Copacabana, cinco para a Zona Sul, sendo que dois referiram-se a Ipanema especificamente e apenas cinco afirmaram não querer sair do lugar onde moram atualmente. É interessante que todos que mencionaram querer mudar-se, referiram-se, sem exceção, a Copacabana ou Ipanema. Disse um, muito expressivamente: "Mudar-me, só para melhor. Quero ir para Copacabana, lá pelo posto 5." Entre os que queriam ir para Copacabana, seis especificaram a parte do bairro onde queriam morar: dois no posto 6, dois no posto 5, um na avenida Atlântica e outro "ali por perto da praça Serzedelo Correia". Quanto aos cinco que não queriam mudar-se, três tinham mais de cinquenta anos, alegando, no caso, "que não estavam mais em idade de mudanças", e dois moravam em Ipanema.

Até agora unidades mínimas ideológicas apareceram isoladas. É chegado o momento de, através de alguns exemplos, que reputo significativos, apresentar trechos maiores de entrevistas. Assim, com depoimentos mais completos pretendo introduzir novas dimensões na problemática apresentada. Como já foi colocado, as entrevistas, propriamente, foram todas realizadas no Estrela.

I) "Tenho 52 anos. Trabalho na Secretaria de Finanças do Estado. Vim para Copacabana há 15 anos. Primeiro, moramos perto do Lido. Depois viemos para cá, há uns cinco anos. Isso mesmo, nossa filha casou em 1965. Não precisávamos mais de dois quartos. Morava antes na Tijuca. Nasci em Minas. Vim com 18 anos para o Rio. Trabalhei duro a minha vida toda e continuo trabalhando. Não posso reclamar muito. Tenho melhorado. Morei em São Cristóvão, quando me casei fui para a Tijuca, ali na Hadock Lobo. Não era tão mal, era uma casa de vila. Cheguei a pensar em comprar, mas achamos melhor vir para Copacabana. Para que quero ser dono de uma casa num lugar triste como a Tijuca? Agora parece que lá está melhor, mas Copacabana é a melhor mesmo. Vou à praia sempre que posso. Agora no fim de semana chove muito. Gosto de cinema e de animação. Aqui vive-se mais. Sei lá, tem mais coisas para ver. Tem gente que prefere Ipanema ou Leblon, mas eu não. Ainda acho aquilo lá meio parado. De Juiz de Fora para Copacabana acho que melhorei, não é? Criei minha filha bem. Não estudou mais porque não quis. Está bem-casada. Tenho dois netos. Meu genro é corretor. Está comprando um apartamento aqui perto. Agora moram na Bulhões de Carvalho. Não penso em me aposentar. Não gosto de ficar parado. Minha mulher diz que homem não pode ficar em casa e eu acho que ela tem razão. Ela gosta muito daqui. Facilitou muito a vida da gente. Comércio, lojas, padaria, tem tudo. É isso mesmo. Acho que não há bairro melhor, não. Estou satisfeito."

II) "Sou comerciária e tenho 23 anos. Meu marido é datilógrafo no Ministério da Fazenda. O aluguel é de 300 cruzeiros. A gente vive apertado, mas não quero sair daqui, não. Não sei como é que vai ser quando o aluguel aumentar. Mas para quem morou na roça – vim de Valença – isto aqui é o máximo. Não quero nem pensar em voltar. Lá a gente não vive. Morei no Méier com uma tia antes de casar. Ela já morava aqui há algum tempo. Estou casada há dois anos. Casamento de igreja, direito e tudo. Não acho nada de mais casar de outro jeito. Estudei em colégio de freira. Não acho nada demais, mas a gente preferiu assim. Todo mundo quer morar em Copacabana. O Méier é muito ruim, também. Não tem nada. Gente nova tem que vir mesmo para cá. Às vezes costuro para fora, mas não tenho muito jeito. Aqui no edifício tem muita costureira. Eu, só quando está acabando o dinheiro mesmo. O edifício é como qualquer outro. O ponto é muito bom, tem tudo perto. Não ligo para vizinho, não. Não sei da vida dos outros. Gente ruim tem em todo lugar. Não saio daqui, não. Só se for para ficar em Copacabana mesmo."

III) "Sou jornalista. Ainda sou muito moço. Tenho 34 anos. Viajei muito. Gosto daqui. Vi muita coisa, nos Estados Unidos e na Europa, mas Copacabana é inigualável. As mulheres são lindas, a praia é ótima. Muito divertimento. Comprei o apartamento há quatro anos. O sujeito estava precisando de dinheiro, vendeu barato. Foi um negoção. Para solteiro isto aqui é o ideal. Se fosse casado não sei se ficava. Adoro Copacabana. Ninguém se mete na vida de ninguém. O Ceará, onde nasci, é uma província. Sou de Fortaleza mesmo. Morei uns meses em São Paulo, mas aquilo é chato à beça. Pagam melhor, tem mais emprego, mas há uma falta absoluta de programas. Andei uns tempos desempregado, mas agora estou bem. Tenho sempre o lugar onde moro e não pago aluguel. Este edifício é bom, ninguém se mete com ninguém. Que eu tenho que ver com a vida dos outros? Não quero é que se metam comigo. Não ligo para barulho, não gosto de muita calma demais. Gosto de viver intensamente. Não quero apartamento maior. Sou um só. Não conheço nenhum lugar tão bom como Copacabana."

IV) "Trabalho no comércio de automóveis. Nasci em Cruz Alta, no Rio Grande do Sul. Moram três pessoas aqui – eu com um filho e uma sobrinha. Moro aqui há alguns meses. Antes, morei um ano na avenida Copacabana e antes um ano na Paula Freitas. Não me interessa morar mais de um ano, porque aumenta muito o aluguel depois de um ano, pelo salário mínimo. Sempre quando procuro um outro apartamento encontro mais barato. Aluguei este com móveis e geladeira, por seiscentos cruzeiros, sem taxas. Tenho um apartamento na avenida Copacabana, mas lá falta muita água. Aqui a síndica é exigente, mas caprichosa. Disciplina boa. Cada um vive a sua vida. De vez em quando tem uns probleminhas, o DOPS vem aqui. O que o DOPS faz, acho certo. Tem de descobrir os focos de subversão. Existem aqui apartamentos por temporada e o DOPS visita os apartamentos. Minha sobrinha é recepcionista num laboratório médico, tem vinte anos e o filho tem 15, estuda no segundo ginasial e trabalha num escritório de advogado. Copacabana resume o Brasil. Terra boa. Rede bancária, praia, clima. Aqui eu vivo minha vida. Não quero sair."

V) "Sou comerciante, dono de uma lanchonete aqui em Copacabana. Tenho 46 anos, sou casado e tenho dois filhos: um de dez, o outro de oito anos. Sou católico, embora não vá muito à igreja. Frequento também um centro espírita. Acredito no progresso. Acho o Brasil um grande país. A vida não é fácil, mas quem não tem medo de trabalhar acaba vencendo. Comecei muito pobre. Meu pai era tipógrafo em Niterói. Meu avô era analfabeto. Estudei o primário todo. Abandonei depois para trabalhar. Trabalhei como gerente de restaurante, fui dono de barbearia, vendi livros, automóveis, tive carro na praça. Não sei o que não fiz. Aos poucos fui fazendo meu pé-de-meia. Morei em Niterói, fui para o Andaraí, voltei para Niterói, fui para Fátima e morei dez anos em Botafogo. Estou em Copacabana há oito. Tive dificuldades, mas de modo geral as coisas deram certo. Sei de muita gente que ficou pelo caminho, que não progrediu, mas acho que não se esforçaram demais. O meu irmão não saiu de Niterói. Está lá, tipógrafo como meu pai. Há quem piore. Meus filhos estudam e quero que façam um curso superior – engenheiro, médico etc., sei lá. Eu quero é que não parem de estudar. Dinheiro, se Deus quiser, não vai faltar. Continuo querendo melhorar. Acho Copacabana o melhor bairro. Quando eu penso nos lugares em que morei é que vejo como progredi. O edifício não é dos melhores, mas vou passar para outro. Vendo este, compro um financiado e pronto. Quero um de três quartos, aqui em Copacabana mesmo, por aqui mesmo. Quero ficar perto de meu negócio e o ponto é muito bom. Essas confusões do edifício eu não quero saber. Vou me embora assim que puder porque sei que não é o ambiente ideal para minha família. Mas esse andar é calmo e nunca houve nada por aqui. Acredito no progresso. As pessoas podem melhorar. Copacabana é um bairro para gente moderna, adiantada."

VI) "Sou viúva e aposentada. Embora não pareça, ando perto dos sessenta. Era professora primária, tenho aposentadoria e pensão do meu marido. O apartamento não é próprio, mas tenho um maior no Catete. Depois que fiquei viúva há oito anos vim para cá. Aqui é mais alegre, mais animado. Para uma pessoa só como eu, é melhor. Apartamento pequeno dá menos trabalho e despesa. Tenho empregada, mas ela não dorme aqui. Perderia muito de minha liberdade. Meu marido era funcionário da Caixa Econômica. Não tivemos filhos. Deus não quis. Moro perto de minha irmã. Ela tem dois filhos. Moram ali na Xavier da Silveira. Almoço nos domingos lá. Sou do Rio mesmo, da Tijuca. Cresci ali, conheci meu esposo e depois já casados moramos mais de dez anos na rua Ibituruna. Depois fomos para o Catete. Meu marido sempre gostou da Zona Sul, mas tudo era meio caro. Para comprar era difícil aqui por Copacabana. Por isso ficamos muitos anos no Catete. O proprietário deste apartamento eu nem conheço direito. Pago e resolvo tudo com uma Administradora. Sou pontual nos pagamentos e ninguém pode reclamar. Sempre fui boa pagadora. Levo uma vida calma, mas quando quero vou para a rua ver o movimento, as vitrinas. Gosto de cinema e de teatro. Tenho aqui os meus livros. Estou relendo *Gabriela, cravo e canela.* Vejo televisão, mas seleciono o que vejo. Não perco tempo com qualquer novela. Gosto de programas mais educativos, culturais. Saio muito com minha irmã. Os filhos dela estão crescidos e qualquer dia desses estão casando. Quando fiquei doente há um ano fui para a casa dela e fiquei mais de um mês. Assim que o médico disse que eu estava boa, voltei. Gosto de ter o meu cantinho, com minhas coisas. Sou muito organizada. Tudo tem o seu lugar. Não gosto de atrapalhar ninguém. Vizinhos, nem quero saber. Acho que morreria aqui sem chamar vizinho. Nunca se sabe com quem a gente vai se meter. Depois se aproveitam, começam a fazer exigências, pedir dinheiro emprestado. No andar de cima tem umas moças que eu não sei, não. Boa coisa não podem ser. É só ver como se vestem, como se pintam. Acho que deveria haver mais controle. Depois o edifício fica com má fama. Quando tem barulho eu sempre reclamo. Falo com o porteiro, com o síndico. Chamar a polícia também não. Tenho horror a escândalo. Sei que não adianta, mas acho que tenho que defender meus direitos. Mas todo mundo é meio acomodado. Tem que haver ordem, tranquilidade, do contrário nada funciona.

Passo agora a examinar cada um destes depoimentos, procurando assinalar o que me parece mais significativo para os problemas em discussão.

I) Este entrevistado faz uma nítida correlação entre "melhorar" e a sua história residencial: "De Juiz de Fora para Copacabana eu acho que melhorei, não é?" Assinala as vantagens do bairro falando em "vive-se mais", "animação", "praia", "comércio" etc. Fala da tristeza do bairro de origem, no caso a Tijuca, e diz que acha Ipanema e Leblon "meio parados". Afirma não ter razões para "reclamar muito" pois melhorou, e prova isto com sua história residencial. Fala das virtudes do trabalho e do fato de não gostar de "ficar parado".

II) Alegando sua origem de "roça", a entrevistada afirma achar o bairro "o máximo". Diz que lá "não se vive". Faz severas restrições à vida no Méier, onde morou antes, observando que "gente nova" tem que morar mesmo em Copacabana. Enfatiza suas dificuldades financeiras, mas reafirma sua disposição em lutar para ficar em Copacabana. Particulariza a excelência da parte do bairro em que vive, minimizando os problemas do prédio, que "é como qualquer outro". Frisa seu casamento religioso, embora diga que não "ache nada demais". Procura dar realce ao fato de ser uma pessoa "moderna", sem preconceitos.

III) O entrevistado enfatiza o fato de ser moço e cosmopolita. Viajado, "conhece as coisas" e pode afirmar, portanto, com autoridade, que "Copacabana é inigualável". Fala na beleza das mulheres, do "divertimento", da "praia". Faz questão de deixar claro que, especificamente, para solteiro o bairro é muito adequado, tendo dúvida se ficaria caso fosse casado. É a ideia do lugar dos "programas", "paraíso sexual" que aparece em outras entrevistas. Fala duas vezes que "ninguém se mete com ninguém", referindo-se ao bairro de modo geral e ao edifício em particular. Critica a "chatice" de São Paulo, embora reconheça que lá existem "melhores condições de emprego". Conta já ter estado desempregado, mas mostra como tem maior segurança pelo fato de ser proprietário. Afirma nada "ter a ver com a vida dos outros", não gostar de "calma demais". Refere-se ao seu estado de origem como "província", reafirmando seu cosmopolitismo e o desejo de "viver intensamente".

IV) Trata-se de um copacabanense itinerante. Muda de endereço todos os anos, fugindo do aumento dos aluguéis. Diz ser proprietário em Copacabana, mas em prédio onde falta água. Reafirma os méritos de sua estratégia residencial: "Sempre que procuro outro apartamento encontro mais barato." Elogia a disciplina do "Estrela" e o capricho da síndica. Sem ter sido perguntado, elogia o DOPS e a sua ação antissubversiva, enfatizando que "tem de descobrir os focos de subversão". Foi um dos pouquíssimos entrevistados que tocou no assunto das visitas da polícia ao prédio. Explica que isto se dá devido aos apartamentos por temporada, que precisam ser controlados. Enquanto o pesquisador morou no prédio houve uma ocasião em que, realmente, houve o "estouro de um aparelho", fato pouco comentado no "Estrela". Aparentemente tais fatos voltaram a ocorrer com denúncias relacionadas à presença de elementos suspeitos. O entrevistado faz questão de enfatizar seu pleno acordo com as medidas policiais. Finaliza elogiando Copacabana, que "resume o Brasil". Cita a "rede bancária", "praia", "clima".

V) Trata-se de pessoa que enfatiza o fato de estar subindo na vida e de já ter progredido muito. Compara seu êxito com o insucesso de outras pessoas, citando especificamente o irmão. Fala do pai e do avô, mostrando como ascendeu socialmente. Sua "fórmula de sucesso" é a sua capacidade de trabalho. Diz duas vezes que "acredita no progresso" e afirma que quem não progride é porque "não se esforça demais". Fala nos filhos e no seu desejo de que não parem de estudar, fazendo um curso superior. O fato de morar em Copacabana corrobora o seu êxito. Considera-a o "melhor bairro" e quer continuar morando ali, embora pretenda passar para apartamento maior em outro edifício, pois reconhece que "não é o ambiente ideal" para a família. Esclarece, no entanto, que seu andar é calmo e nunca houve nada de anormal. Termina reafirmando sua fé no sistema e na possibilidade das pessoas progredirem, dizendo que Copacabana é o bairro adequado para pessoas "modernas" e "adiantadas", ou seja, para ele. Copacabana é o lugar para as pessoas que "venceram na vida" ou, de modo geral, para as pessoas "melhores". Fica subentendido que os indivíduos que perturbam a vida do "Estrela" não deveriam estar vivendo no bairro. Em outras entrevistas e situações (conflitos, por exemplo), vi pessoas referirem-se a outras que "não deveriam ter saído do subúrbio" e que "devem ter vindo da favela". É interessante, finalmente, como o entrevistado define o seu "sincretismo religioso", enquanto define sua situação de homem bem-colocado e em ascensão. Apesar de sua ênfase no trabalho, fica a sugestão de que seu êxito possa ser explicado também por sua "flexibilidade" religiosa.

VI) A atitude desta entrevistada foi de caracterizar-se como uma pessoa culta e séria, que não quer ser confundida com moradores do "Estrela" menos "dignos". Explica que veio para o bairro depois da morte do marido, embora isto sempre estivesse planejado pelo casal. Justifica o apartamento dizendo que "dá menos trabalho e despesa". Para ela, Copacabana é mais "alegre" e "animada", sendo melhor para uma pessoa só. Fala da irmã, mostrando a importância de suas relações com a família desta, não só em épocas de crise, mas rotineiramente também. Afirma o fato de ser boa inquilina. Passa a falar de seus interesses culturais, que são muitos. A televisão é encarada com reservas e cita o livro que está lendo atualmente. É curioso relacionar o livro com a sua atitude fortemente moralista em relação a certas pessoas do prédio que considera prostitutas, caracterizando-as pelas roupas e pintura que usam. Sua atitude em relação à vizinhança é de desconfiança – quase hostilidade. Preferiria morrer a pedir auxílio a um vizinho. Enfatiza a necessidade de maior controle no prédio e de ordem e tranquilidade em geral, "do contrário nada funciona". Ao mesmo tempo diz gostar de "alegria" e "animação". Diz que as pessoas são "acomodadas", mas que ela "defende" seus direitos reclamando contra a desordem e o barulho, embora reconheça não adiantar muito.

O universo pesquisado apresenta, em suas grandes linhas, um discurso comum. No caso, há, inclusive, grande coincidência de conteúdos e não apenas de princípios gerais. Cabe situá-lo e assinalar suas coordenadas e características principais.

Em primeiro lugar, vou examinar o problema de Copacabana, propriamente, e como os entrevistados situam e explicam suas decisões.

Nas justificativas para a mudança ou permanência no bairro surgiu um número limitado de categorias que chamamos de unidades mínimas ideológicas. A maneira como estas se apresentam indica que Copacabana tem mais coisas, qualidades etc. do que outros locais. Ou estes não têm ou têm menos. Por exemplo, Copacabana tem mais "comércio" do que São Cristóvão, ou mais "divertimentos" do que a Tijuca, ou mais "recursos" do que Niterói. Por outro lado, "Zona Norte não tem praia". As pessoas de Copacabana podem ser "adiantadas", enquanto as de São Miguel do Norte podem ser "atrasadas" etc.

Existe uma hierarquia de bairros, subúrbios etc. em relação a estas características. Assim, Copacabana tem mais "divertimentos" do que a Tijuca, mas esta tem mais do que Campo Grande.

Quando um dos entrevistados diz que "progrediu" e que Copacabana "é um bairro para gente moderna, adiantada", descreve a sua biografia residencial: "Morei em Niterói, fui para o Andaraí, voltei para Niterói, fui para Fátima e morei dez anos em Botafogo. Estou em Copacabana há oito." Ele está descrevendo os seus avanços e recuos dentro de um contínuo que vai de um lugar "pior" para um lugar "melhor". Portanto, estabelecidas essas unidades mínimas ideológicas aceitas por um determinado universo, verifica-se a existência desse contínuo, com bairros ou locais diferentemente avaliados. Parece importante o fato de que este mapa, em que os diferentes locais recebem sinais positivos ou negativos, está bastante claro para quase todos os indivíduos pesquisados. Aqueles que não gostam de Copacabana não estão, necessariamente, pensando fora desse mapa. Há quem considere, por exemplo, Ipanema um bairro mais "moderno" do que Copacabana. Para esta pessoa, portanto, existe um outro bairro que está no alto da hierarquia, mas está sempre *hierarquizando* segundo, basicamente, as mesmas categorias empregadas pelo resto do universo.

Uma diferença mais significativa se dá quando encontramos aquelas poucas pessoas já mencionadas que não só não gostam de Copacabana, mas assinalam como negativas as características mais positivas para a maior parte do universo, ou seja, "movimento" e "animação" podem ser traduzidos como "bagunça", "barulheira infernal" etc. "Variedade" pode aparecer como "promiscuidade", "moderno" como "cafona" etc. Este tipo de posição, minoritária no nosso universo, pode tornar-se majoritária em outros setores da sociedade. Para essas pessoas, como vimos, a hierarquia de bairros tem nas primeiras posições bairros mais "tranquilos", menos "poluídos" como Barra da Tijuca, Gávea, Jardim Botânico etc.

É interessante mencionar que em certos setores das camadas médias que se definem como mais sofisticados, Copacabana é vista como um lugar "cafona", "inabitável", "sujo", "um inferno" etc.

Ipanema, também, aparece nestas camadas como um "melhor dos mundos", aliando um determinado grau de "tranquilidade", "sossego", com "recursos", "divertimentos" etc. Para estes indivíduos não simpáticos a Copacabana, Ipanema pode parecer com uma espécie de "áurea medida" entre o "tumulto" copacabanense e o "isolamento" da Barra, da Gávea etc.

Logo, não pretendo que toda a população do Rio de Janeiro ou mesmo de Copacabana considere este bairro o "paraíso sobre a terra". Os "mapas" vão, sem dúvida, apresentar variações diversas, de acordo com a renda, ocupação, educação etc. Mas o universo pesquisado, centrado no Edifício Estrela, composto predominantemente de *white-collars*, apresentou extraordinária homogeneidade. Há uma nítida hierarquia de bairros e, através desta, eles veem a sociedade e se situam dentro dela. O indivíduo que se deslocou de Juiz de Fora para São Cristóvão, daí para a

Tijuca e finalmente para Copacabana, "melhorou na vida". Há um contínuo que foi percorrido e quem não progride "não se esforçou demais". *O mapa da cidade, no caso, passa a ser um mapa social onde as pessoas se definem pelo lugar em que moram.* O apartamento ou a casa, propriamente, não tem tanta importância. "Prefiro meu conjugado aqui do que uma mansão na Ilha do Governador." Apenas uma pessoa do universo investigado disse que "moraria em qualquer lugar desde que o apartamento fosse bom".

Assim, pode-se entender como uma pessoa pode abrir mão de uma casa com quintal para morar num conjugado de $25m^2$. Ela acha que melhorou. Seu status como moradora de Copacabana passa a ter um peso especial. Está vivendo lado a lado do que ela considera uma elite, é "vizinha", de certa forma vê-se como parte, dessa elite. Se existe uma hierarquia de bairros, existe uma hierarquia na sociedade. Se existe um contínuo que possa ser percorrido espacialmente, através da mudança de local de residência, a sociedade apresenta uma estratificação demarcada em termos de bairros, subúrbios, roça etc. Os indivíduos deslocam-se de estrato para estrato, à medida que mudam de área da cidade. Para estas pessoas a sociedade não está, pelo menos nestes domínios estudados, dividida entre pobres e ricos, mas entre pessoas que moram na Tijuca, no Méier, na Ilha do Governador ou em Copacabana. É isto, sobretudo, que dá as diferenças de prestígio e status. Faz parte da experiência existencial desses indivíduos passar de um bairro "ruim" para um "bom", muitas vezes passando por um "mais ou menos" ou "bonzinho".

É evidente que sabem distinguir uma pessoa "rica", "bacana", de uma "pobre" ou "remediada" dentro de Copacabana, ou de qualquer outra parte da cidade. Importa verificar a grande ênfase que é dada aos símbolos transmitidos pelo local de residência e a grande importância estratégica deles na vida dessas pessoas. Ou seja, a posse de um automóvel, por exemplo, é um importante símbolo de status assim como saber inglês, mas o que ressalta nas entrevistas é o espetacular consenso em torno da importância do local de residência. Talvez se possa levantar a hipótese que a ênfase é dada a aspectos ou símbolos mais factíveis de serem atingidos ou obtidos. Voltarei a isto adiante.

Assim, através deste "mapa social", podemos verificar que existe um modelo consciente de uma imagem da sociedade comum ao universo pesquisado. Essa sociedade é, para essas pessoas, constituída por estratos que têm como uma de suas definições essenciais a sua distribuição espacial que vai ser fundamental para definir os status dos indivíduos, atribuindo-lhes mais ou menos vantagens ou privilégios que são, basicamente, as oportunidades de acesso a determinados padrões materiais e não materiais. Os estratos têm limites claros, à medida que se definem espacialmente. Não se confunde um morador de Copacabana com um de Ramos, porque estão identificados socialmente pelo bairro em que moram. Por outro lado, há mobilidade nesta sociedade, como já foi visto. As pessoas mudam de estrato quando mudam de bairro. Há, portanto, uma mobilidade residencial que marca a vivência desses indivíduos. A isto se oporia uma pequena mobilidade ocupacional. Na realidade, a maioria esmagadora dos *white-collars* pesquisados não mudou de ocupação, embora tenha mudado o local de moradia. O único grupo que demonstrou ter mudado de ocupação, paralelamente à sua transferência para Copacabana, foi o constituído de costureiras, manicuras, cabeleireiras etc. Algumas dessas pessoas passaram para essas ocupações pois verificaram quc cm Copacabana havia boas condições para este tipo de trabalho, como foi assinalado em capítulo anterior. Entre os comerciantes também foram encontradas pessoas, como o dono de lanchonete estudado, cuja vida oferece um certo paralelismo entre mudança de residência e de ocupação. Mas a maioria do universo não apresenta sinais de mudança ou mobilidade ocupacional. Pelo contrário, especialmente no Estrela os funcionários públicos, os empregados de escritório, os profissionais liberais assalariados etc. apresentam sua situação ocupacional inalterada.

Esta distribuição espacial de estratos pode ser mais ou menos ampla. Pode-se falar em moradores do subúrbio, Zona Norte ou Zona Sul. A maioria, no entanto, é mais específica. Dentro dessas três grandes áreas (o Centro foi pouco citado devido ao seu caráter predominantemente não residencial), distinguem bairros ou locais melhores ou piores, ou até, como já vimos, distinguem setores do bairro – no caso de Copacabana os diferentes valores atribuídos aos moradores de, por exemplo, posto 6 e posto 2, residentes na avenida Atlântica etc. O fato é que a mobilidade residencial desempenha um papel fundamental para a constituição de uma imagem da sociedade, em que as pessoas circulam entre os diferentes estratos espacialmente localizados.

Recentemente uma série de reportagens e matérias tem aparecido em jornais e revistas falando sobre os males de Copacabana. Arquitetos e urbanistas comentam o absurdo que foi seu "crescimento desordenado": "Copacabana envelheceu prematuramente e hoje sofre de todos os males da decrepitude: esclerose nas artérias, oclusão intestinal, irrigação deficiente, cegueira e má ventilação. A falta de saúde do bairro deve-se à sua adolescência desregrada; à péssima educação, ao descontrole dos exploradores, a uma infinidade de vícios daí decorrentes."*

Psicólogos e psiquiatras falam da tensão que representa viver em Copacabana, devido ao barulho, tumulto, competição etc.**

Assim, o bairro tem sido definido publicamente como um problema grave. Técnicos e especialistas em diferentes campos vêm

* VASCONCELLOS, Marcos, "Copacabana: Outra vez ou nunca mais?", em "Jornal de Arquitetura", *Tribuna da Imprensa*, 19 de junho de 1968.
** *O Cruzeiro*, 5 de julho de 1972.

a público para denunciar seus males. É utilizado o seu exemplo para que não voltem a se repetir os "erros".

O problema, parece-me, é saber até que ponto esse tipo de pensamento é participado pelos moradores do bairro e de outros pontos da cidade e do país. Pelo que tem sido apresentado neste trabalho, parece claro que os padrões dos técnicos não são os mesmos da maioria do universo investigado. Pode-se especular e imaginar que até essas pessoas modifiquem suas aspirações, à medida que a imagem de Copacabana apresentada nos órgãos de comunicação de massas ganhe mais e mais características negativas, ou é possível também que outros níveis de sua experiência também concorram para modificações dessas aspirações.

À medida que morar em Copacabana passe a ser considerado nitidamente como algo negativo, fatalmente surgirão mudanças no comportamento e na ideologia do universo pesquisado. Atualmente, o máximo que se pode notar é alguma ambiguidade em setores minoritários entrevistados.

É importante perguntar que pessoas têm saído do bairro. Isto exigiria uma outra pesquisa, mas disponho de alguns dados que podem indicar, pelo menos, algumas pistas. Certas pessoas que viviam no bairro há muito tempo alegaram que este deixou de ser de "família", chegaram os "*parvenus*", os "*nouveaux riches*", "tumultuou-se" etc. Apresento trecho de entrevistas feitas com três pessoas que saíram do bairro:

> I) Não podia continuar ali. Nossa casa ficou cercada de edifícios. As pessoas jogavam coisas no jardim, era até perigoso, além de desagradável. Perdemos o nosso sossego. Embora estivesse acostumada, afinal morei 25 anos em Copacabana, começamos a procurar casa em outro bairro mais tranquilo, menos tumultuado. Acabamos encontrando essa casa (na Lagoa) que não é tão boa como a nossa de Copacabana, mas recuperamos nossa tranquilidade. Agora tem um edifício enorme

no terreno de nossa casa. Nem reconheço mais aquilo. Os nossos vizinhos foram quase todos embora. Agora aquilo está cheio de "gentinha" "mal-educada" e "porca".

II) O bairro mudou muito. Quando fomos para lá ainda estava cheio de casas, era uma gostosura. Agora não dá nem para se mexer. Nosso apartamento era bastante bom, mas, no final, eu nem conseguia andar na rua. Minha mulher chegava a ficar tonta. Tenho uma filha e o ambiente não está dos melhores. Não é mais lugar para criar filhos. Ela já está moça e bonita. Ficamos sempre intranquilos com todos aqueles cafajestes soltos pela rua. Estamos há quatro meses no Leblon e estamos recuperando nossa paz. Eu até estranho. Parece outro país. Veja como a nossa rua é calma e familiar. Gostaria que meus netos crescessem aqui. O ar é mais puro.

III) Sofro de asma e não suporto poluição. Não deve haver lugar mais poluído que Copacabana. Nos primeiros anos foi tudo muito bem, mas depois começou a bagunça. Obras, serra, poeira. Depois chegaram os "*parvenus*", os judeus e os nordestinos. Começaram os assaltos, a intranquilidade. E o trânsito? Morava no terceiro andar na avenida Copacabana. Eu que nunca precisei tomar remédios para dormir, tive, porque perdi minha tranquilidade. E os vizinhos? Mudaram-se para o nosso prédio uns verdadeiros animais. Copacabana era um bairro selecionado, mas essa gente emporcalha tudo. Não há planejamento, previsão. Estou aqui em Ipanema, mas se isto começar a virar Copacabana, mudo-me de novo.

A primeira entrevistada era a senhora de um médico de prestígio, proprietário de vários imóveis. O segundo era um engenheiro civil, diretor de uma companhia de construção, e o terceiro era um advogado e professor universitário. Estaríamos nos limites superiores do que poderia se chamar de "alta classe média". Não estou interessado em discutir se estes indivíduos pertencem aos estratos superiores ou médio-superiores da sociedade, mas, simplesmente, em registrar a marcante diferenciação em relação aos habitantes do Estrela. Os três entrevistados acima citados são antigos moradores da Zona Sul da cidade do Rio de Janeiro e suas famílias estão, pelo menos há duas gerações, nessa cidade. O seu discurso é nitidamente elitista, mostrando que fugiram da "poluição" física e social, em busca de lugares "mais puros". Por outro lado, é preciso lembrar que outras pessoas com posição social semelhante ainda vão para ou continuam morando em Copacabana:

> Não me incomodo com barulho. Até gosto desta confusão, é humana. É verdade que quando me canso desta balbúrdia posso ir para meu sítio em Itaipava. Mas lá eu não aguento ficar mais de três dias. Sou, creio, um homem urbano. Está no meu sangue este amor por esta densidade. Além do mais, continua sendo o bairro de mais recursos e divertimentos. Bons restaurantes, cinemas, farmácias, lojas, médicos, tudo à mão. Estamos acostumados com nosso apartamento que é excelente. O ponto (posto 5) é ótimo.

O entrevistado é advogado, ex-deputado federal. Tem dois apartamentos, um sítio e dois automóveis. Verifica-se que vários de seus motivos para permanecer no bairro coincidem com os dos *white-collars* pesquisados, embora o seu sítio seja um "refúgio" que pode usar contra os excessos da "balbúrdia".

Fica claro que é impossível estabelecer um limite rígido entre estes dois setores da sociedade, embora possam ser registradas "tendências" para o afastamento das camadas médias superiores e a chegada de camadas médias inferiores.

5. Conclusões

Quem conhece Copacabana, não quer morar em outro lugar.
(Um morador do bairro)

ATÉ QUE PONTO a Antropologia Social pode ser útil para a investigação do meio urbano, especificamente das grandes metrópoles? Há evidentemente uma série de problemas que pode ser levantada, mas, em princípio, parece-me essencial dizer que esta maior ou menor eficácia dependerá de sua flexibilidade metodológica, ou seja, não é possível em nome de uma "tradição" antropológica estudar os 450 habitantes do Estrela como se constituíssem uma tribo indígena isolada. Este é um dos motivos que me levam a considerar o problema de *ideologia e estratificação social*. A caracterização do comportamento e do sistema de representações do universo investigado só pode ser feita de uma maneira mais consequente, à medida que fique claro o fato de inserir-se em uma sociedade complexa, fazendo parte e relacionando-se com outros grupos, setores etc. da sociedade. O conceito *white-collar* parece-me adequado para situar o objeto de investigação, partindo de uma caracterização ocupacional. Assim sendo, fazem parte de um estrato social específico as pessoas entrevistadas. Elas não esgotam esse estrato, que inclui, na cidade do Rio de Janeiro e na sociedade brasileira, centenas de milhares ou milhões de indivíduos, obviamente nem todos moradores de Copacabana ou da Zona Sul. Esse estrato relaciona-se, de uma maneira ou de outra, com outros estratos sociais, em situação de superioridade, igualdade, inferioridade, subordinação, em diversos níveis e domínios da vida social – econômico, político, cultural, ideológico etc. Logo, é óbvio que a experiência existencial dos entrevistados não pode ser reduzida, sob o risco de simplismo metodológico, ao fato de morarem no Edifício Estrela em Copacabana. Foram vistos e examinados não só o tipo de participação em outros grupos ou domínios, mas as experiências anteriores à sua condição de moradores do Estrela ou de copacabanenses.

Estava preocupado com as representações dos entrevistados. Como eles se viam, como se situavam no mundo, como organizavam e classificavam a sociedade. Mais uma vez é preciso ressaltar a sua não autonomia como grupo. Eles não são, necessariamente, os geradores exclusivos dos símbolos e aspirações que norteiam suas estratégias de vida e decisões existenciais. Segundo Mills, os *white-collars* "coletivamente são mais lastimáveis do que trágicos, lutando contra uma inflação anônima, sustentando até mesmo na miséria a esperança de uma rápida ascensão à americana. São impelidos por forças que não podem controlar, arrastados para movimentos que não compreendem; metem-se em situações nas quais a sua posição é a mais desamparada. O homem de colarinho-branco é o herói-vítima, a criatura modesta que sofre a ação, mas não age, que trabalha despercebida num escritório ou numa loja que jamais levanta a voz, jamais retruca, jamais toma uma posição."

Se se concordar com esta descrição de Mills, verifica-se que os entrevistados, com poucas exceções, não se viam desta maneira. Acham que ascenderam ou que estão ascendendo, consideram-se atores de sua vida e centram estas posições em torno do fato de terem chegado a Copacabana. Em uma ou outra frase pode surgir algum indício de alguma consciência desse tipo de situação: "Vim por uma questão de status" (militar da reserva), "Era a moda, o 'quente'" (professor secundário), "Se não viesse ficava complexado" (bancário) etc.

Podem se dizer algumas coisas a respeito do caso específico de Copacabana. Realmente morar no bairro, a partir de uma determinada época, passou a ser definido como *símbolo* de prestígio social. Foi citada a campanha publicitária em torno do bairro, a propósito dos lançamentos imobiliários. Essa campanha é feita através dos órgãos de divulgação, da imprensa, rádio, televisão. Muitas vezes é coordenada por agências de propaganda contratadas pelas grandes empresas de construção civil. Há uma atuação sobre as *aspirações* dos grupos sociais, alterando-as ou enfatizando-as. Parece-me conveniente examinar algumas coisas ditas a esse respeito por Chombart de Lawe:

"*La genèse des aspirations s'opère en relation avec un système economique et une culture propres à une société. Elle depend d'une évolution historique marquée par les transformations techniques et économiques. Elle est liée également à des images et des représentations de l'homme, des structures sociales, de la culture et des transformations elles-mêmes... Dans la course à la consommation des sociétés industrielles quelles qu'elles soient, où l'information, la publicité, la propagande jouent un rôle de plus en plus important, les aspirations ne sont jamais satisfaites parce que de nouvelles aspirations sont suscitées avant que le niveau antérieur d'aspirations ne soit atteint. Ce processus a été mis nettement en évidence dans différentes enquêtes sur des familles de travailleurs, surtout en situation de mobilité sociale. Cette insatisfaction se manifeste de manières différentes suivant les systèmes économiques et les degrés d'industrialisation, mais elle tend à se repandre sur la planète entière. Il reste à savoir quels en sont les effets, bons ou mauvais, pour les populations intéressées.*"*

* LAWE, Paul-Henri Chombart de, "Hypothèses sur la Genèse et le Rôle des Aspirations et des Besoins dans les Sociétés du XXème Siècle", *América Latina*, Ano 12, nº 1, janeiro-março de 1969, Rio de Janeiro, Brasil, p.6-8: "A gênese das aspirações relaciona-se com um sistema econômico e uma cultura específicos a

No caso investigado havia a problemática de uma aspiração residencial, definida como básica para os entrevistados. Uma vez estando, praticamente, terminado o processo de ocupação de Copacabana, até que ponto a aspiração de viver em outro lugar como Ipanema ou Barra da Tijuca não passará a ser essencial? As pessoas de camadas médias superiores que saíram de Copacabana, que entrevistamos, revelaram que viver em Copacabana tinha sido aspiração sua e que, agora, havia mudado. Mas novas aspirações haviam sido geradas, fazendo com que sempre houvesse um *locus* melhor onde valesse a pena comprar ou alugar uma residência. Quanto tempo levará para que Copacabana deixe de ser o paraíso, ou o ponto de chegada da maior parte do universo entrevistado? O fato é que a visão hierarquizada dos bairros e da sociedade permanece como um fator de estímulo ao deslocamento espacial, a novas despesas e investimentos.

Falei que não defendia uma teoria "conspiratória" para explicar o crescimento de Copacabana e quero, insistir nisso. A criação do mito "Copacabana", assim como "Ipanema" ou "Barra", só é possível em um tipo de sociedade em que exista uma identificação entre local de residência e prestígio social de tal forma acentuada que a simples mudança de bairro possa ser interpretada como ascensão

uma sociedade. Depende de uma evolução histórica marcada pelas transformações técnicas e econômicas. Está, igualmente, ligada a imagens e representações do homem, das estruturas sociais, da cultura e das próprias transformações... Na atividade de consumir das sociedades industriais, quaisquer que elas sejam, onde a informação, a publicidade e a propaganda desempenham um papel cada vez mais importante, as aspirações não são nunca satisfeitas porque novas aspirações são suscitadas antes que seja atingido o nível de aspirações anterior. Este processo tornou-se evidente em diferentes pesquisas com famílias de trabalhadores, especialmente aquelas em situação de mobilidade social. Esta insatisfação manifesta-se de maneiras diferentes, de acordo com os sistemas econômicos e os graus de industrialização, mas tende a se estender a todo o planeta. Resta saber quais são os efeitos, bons ou maus, para as populações interessadas."

social, mesmo não havendo alterações na ocupação ou na renda das pessoas em pauta. Não discuto que isso não seja encontrado em outras sociedades além da brasileira, contextualizada num universo *white-collar* no Rio de Janeiro. Trata-se de saber como essas aspirações residenciais ganham maior ou menor peso e como se determinam em casos concretos. Parece claro que a ênfase dada a este problema de mobilidade residencial-social expressa a visão de uma sociedade, pelo menos relativamente "aberta", onde as pessoas podem mudar de estrato se "não tiverem medo de trabalhar", "se se esforçarem bastante" etc.

Embora aceite a importância do conceito "alienação", não me parece muito operacional como ponto de partida ou hipótese de estudo antropológico mesmo existindo ênfase no estudo de ideologia. O meu objetivo, no caso, é muito mais dimensionar e relacionar sistema de classificação e representações com estratificação sem fazer outros tipos de julgamento. Isto não impede que outros cientistas sociais com o mesmo material possam trilhar outros caminhos. Mas parece-me etapa fundamental procurar a lógica e a coerência internas do discurso do universo pesquisado. Sem isto poder-se-á estar correndo o risco de dar ênfase a conteúdos, possivelmente circunstanciais, relegando a segundo plano princípios classificatórios. Daí a importância do trabalho de campo, com observação participante e entrevistas que devem, em princípio, permitir ao investigador ir além das "aparências" e identificar "códigos" nem sempre explicitados.

O fato de não insistir em "alienação" não impede que verifique, como cruciais, as relações do universo investigado com outros setores da sociedade. Em torno do problema do prestígio residencial, construído em cima de uma imagem de sociedade hierarquizada com um certo grau de fluidez, existe o problema de situar a maior ou menor igualdade no acesso à manipulação de símbolos entre os diferentes grupos, estratos, classes sociais. Não preciso criar uma história de meia dúzia de empresários corruptos e malignos, para deixar claro, no exemplo examinado, o caráter relativamente "passivo" dos *white-collars* estudados. Ou seja, o fato de se tratar de uma sociedade capitalista, onde o lucro é elemento indispensável do sistema, sublinha a divulgação dos "padrões materiais e não materiais" que acompanha a urbanização. Existe, obviamente, uma manipulação da "cultura de massas", criando ou enfatizando determinados padrões de consumo. O universo investigado transforma esses padrões no critério fundamental para a avaliação da posição social e grau de poder dos indivíduos. Há uma ênfase no local de moradia, mas é claro que vestuário, automóvel, aparelhos eletrodomésticos também fazem parte de uma escala de prestígio (ver Anexo).

Friso que não defendo uma teoria de estratificação social de base residencial, nem igualo prestígio social a poder real. Mas isso é o que surge, claramente, no discurso estudado. Há uma série de implicações em diversos níveis. Por exemplo, verifica-se um nítido conformismo político. Há uma crença na excelência do sistema e que as pessoas dependem de suas virtudes pessoais para "subir". É claro que há ambiguidade no discurso. Em várias entrevistas há fortes traços de misticismo e fatalismo. Várias pessoas explicam seus sucessos e insucessos recorrendo a Deus, à sorte, ao azar, à pombajira, a mau-olhado etc. (ver Anexo). Dificilmente alguém critica o sistema, embora, frequentemente, surjam restrições a indivíduos: fulano era mais competente que sicrano. Beltrano é corrupto etc. Às vezes surgem observações sobre qualidades e características inatas de pessoas ou do "povo" brasileiro em geral: "O povo brasileiro é assim mesmo. Não gosta muito de trabalhar", "Brasileiro gosta mesmo é de futebol", "O paulista é mais trabalhador e o carioca é mais alegre" etc. Assim, há uma aceitação quase que unânime das regras do sistema. Os entrevistados sabem que existem decisões que são tomadas sobre o seu destino a que não têm acesso, mas aceitam isto como um fato da natureza: "Essas coisas eu não sei. O governo é que vai resolver isso", "Não me interesso por política. Quero é trabalhar em paz", "Temos é que cumprir com nossas obrigações. Tem pessoas mais preparadas para resolver os problemas do Rio" etc. Parece haver uma divisão em "dois mundos": de um lado, o cotidiano, onde as pessoas trabalham, cumprem suas obrigações, sobem na vida, vão para Copacabana, compram televisão, vão à missa ou ao cinema, adquirem mais prestígio, tornam-se "melhores"; de outro lado há uma esfera onde acontecem coisas que são importantes, mas distantes e inacessíveis por sua própria natureza – a "política". Há duas qualidades de poder: uma que se traduz na possibilidade de mudar-se para Copacabana, Ipanema etc.; consumir mais e mais roupas, "divertimentos", bens, de um modo geral; a outra não faz parte da experiência existencial do universo investigado e é remetida para as categorias "política" e "governo". Estaria, de certa maneira, fora da sociedade "real", conhecida. As unidades mínimas ideológicas examinadas compõem essa ideologia que vai marcar as opções e representações do universo investigado, dando os limites e conteúdos de suas aspirações e apresentando essa visão da distribuição de poder dentro da sociedade.

Meu problema era escapar de uma análise reificante da vida de diferentes grupos situados especialmente em uma grande metrópole. Tentar fragmentar a existência dos indivíduos componentes destes grupos em, por exemplo, traços "urbanos" ou "rurais" pura e simplesmente levaria, talvez, a definir ou explicitar melhor o que seja urbano ou o que seja rural, mas impediria perceber a *totalidade* da experiência destes indivíduos e destes grupos. É possível que, num primeiro momento, possa-se perder alguma coisa na capacidade de *generalização* dos comportamentos estudados, mas ganha-se algo na apresentação da complexidade das relações sociais e de sua ideologia.

A resolução de partir do *discurso* dos indivíduos implica "aceitar" a sua experiência existencial expressa em suas próprias palavras. Não se trata, inclusive, de ter que cotejar, imediatamente, as respostas dos entrevistados com uma "realidade objetiva" definida *a priori*. A complexificação das Ciências Sociais conduz, necessariamente, à aceitação de diferentes "realidades" ou "níveis de realidades" correspondentes a diferentes apreensões individuais ou grupais de uma série de dados "brutos". A descrição etnográfica, no caso de um prédio e de um bairro de uma grande cidade, constitui o pano de fundo para as respostas e entrevistas do universo pesquisado. Essas respostas são tão "reais" quanto a rua onde se situa o Edifício Estrela.

Como já foi dito, o conceito de alienação é extremamente ambíguo e controvertido para ser o ponto de partida desse tipo de pesquisa. Implica a aceitação de que determinada atitude ideológica corresponda às necessidades "reais" de um determinado grupo social. Outras atitudes ideológicas corresponderiam, em maior ou menor grau, a distorções ou alienações. A definição de "real" seria, portanto, extremamente limitada, à medida que estabelece uma dicotomia entre "realidade objetiva" e ideologia, levando, por conseguinte, a que esta tenha um caráter reflexo e fantasmagórico. Não se trata, evidentemente, de ignorar as relações entre diferentes "realidades" ou "níveis de realidades". Há, no entanto, a preocupação em evitar o privilegiamento, a escolha apriorística, de determinados fenômenos como *mais* cruciais do que outros. Poder-se-á chegar a conclusões sobre isto depois que se atravessar uma série de numerosas etapas de investigação científica. Isto, obviamente, não significa a rejeição de *hipóteses* de trabalho. O importante é que sejam realmente *hipóteses* e não dogmas.

No caso, havia um fato objetivo – o imenso crescimento demográfico de Copacabana e todos os problemas decorrentes definidos pelos técnicos – habitação, circulação, transporte, higiene etc. Perguntou-se, pura e simplesmente, ao universo: *Por que veio morar em Copacabana?*. A única coisa que se podia dizer, desde o início das entrevistas, era que morar no bairro, de modo geral, era muito importante para os copacabanenses. Eles responderam *como, quanto* e *por quê*. Procurou-se classificar os tipos de respostas e descobrir sua *lógica*. Esta apresentou-se através de certos *princípios comuns* no nível das *respostas*, ou seja, não foi preciso sair da "realidade" das respostas para encontrar uma lógica. De saída não era necessário ir a outros níveis. Estou enfatizando isto para mostrar que se pode distinguir etapas de trabalho, *relativamente independentes*, na análise do discurso dessas pessoas. Não estou defendendo, especificamente, a *autonomia* das representações e da ideologia, mas apenas sugerindo a importância de encará-las como *objeto de estudo específico*.

Finalmente, espero que este livro possa ter sugerido também a importância de um trabalho interdisciplinar. A quantidade e complexidade dos problemas que surgem nas entrevistas colocam, claramente, que apenas um especialista ou um tipo de abordagem não poderão de forma alguma aproveitar, consequentemente, todos os dados. No caso, parece-me que, em particular, psicólogos teriam um material sugestivo. Os problemas que foram tocados, alguns bem mais superficialmente do que outros, trazem a possibilidade de sociólogos, cientistas políticos etc. virem a levar também em consideração este tipo de pesquisa que não é propriedade de antropólogos.

O Anexo que vem a seguir inclui parte das entrevistas realizadas durante a pesquisa. Todo o material não poderia ser incluído por razões de espaço. É possível que outros investigadores possam encontrar alguma utilidade nessas entrevistas. Não acrescento nenhum comentário aos que já fiz propriamente no texto.

Anexo

A primeira parte é composta de entrevistas feitas com moradores de Copacabana, quase todos do Estrela. A segunda parte inclui moradores de outros bairros, e a terceira, finalmente, é composta de entrevistas com pessoas que saíram de Copacabana. Algumas entrevistas foram realizadas em uma única ocasião e outras em duas ou três vezes. Há marcantes diferenças em tamanho devido a isto e outros motivos, como maior ou menor confiança do entrevistado, sua prolixidade, nível educacional etc.

I) Tenho 23 anos. Estou terminando o artigo 99 e trabalho como datilógrafa numa firma. Sou paulista, do Brooklin. Quando morava em São Paulo só ouvia falar em Copacabana. O senhor conhece São Paulo? Eta cidade chata. Fria, garoenta. Quando tinha 19 vim para o Rio. Fui para a casa de uma tia na Tijuca e depois fui viver com umas primas velhas na Ilha do Governador. Não me dei bem com a Zona Norte. Tudo feio, parado. A Tijuca também, e além disso minha tia controlava minha vida. Meus pais não me tratam assim, sempre tive liberdade de sair, namorar. Sou alegre, gosto de me divertir. Por isso vim para cá. Copacabana é formidável pelas pessoas que vivem nela, pelos tipos excêntricos que se veem nas ruas. Se tem mais liberdade, tudo é mais em conta. Os divertimentos são mais perto, mais baratos e mesmo grátis, como a praia. No começo rachava este apartamento com uma colega da outra firma em que trabalhei. Depois passei a ganhar melhor e meus pais estão podendo me ajudar mais. Meu pai é comerciante e parece que está melhorando de vida. Bom, o caso é que a tal amiga minha teve que voltar para Minas e eu fiquei sozinha aqui. Às vezes o dinheiro aperta, mas acho que vale a pena o sacrifício. Se não dá para ir ao cinema, não me amofino pois tem a praia, a avenida Copacabana. Vou a São Paulo de vez em quando, acho que de três em três meses. Gosto de meu pessoal. Meus pais já vieram me visitar e uma irmã menor ficou comigo uns dois meses, nas férias dela. Adorou. Logo arranjou um namorado na praia. Para ela voltar para São Paulo foi uma luta. Tive que prometer que ela poderia voltar nas próximas férias. Tive vários namorados desde que cheguei ao Rio, mas nenhum durou muito. Eu acho cedo para casar e não achei ninguém que eu achasse que valia a pena mesmo. Tenho alguns amigos – moças e rapazes da firma em que trabalhei. Era no Centro da cidade. Essa, agora, é aqui mesmo em Copacabana, o que facilitou muito a minha vida. Esse edifício às vezes dá alguns problemas, mas não ligo, não. Faço questão que me respeitem e não me confundam. Acho que alguns vizinhos, logo que eu me mudei, acharam que eu era uma dessas, sabe? Mas depois que viram meus pais aqui passaram a me respeitar mais. Não faço bagunça aqui no apartamento. Não tenho interesse, não é? Não penso em mudar. Estou satisfeita. Só saio daqui se resolver casar. Mesmo assim não quero sair do bairro. Estou acostumada e acho isso aqui o máximo. Não gostava de São Paulo, mesmo. Me dava bem com minha família, não gostava era do lugar. Meus pais no começo estranharam, mas agora estão acostumados e até gostam porque quando vêm ao Rio têm onde ficar perto da praia. Não se metem em minha vida, não perguntam com quem saio. Acho que têm confiança em mim. Sabem que eu sei me defender. Estou agora melhorando o apartamento aos poucos, comprando uma coisa ou outra. O aluguel não é dos piores, é 300 cruzeiros. Já estou aqui há dois anos. A cozinha é meio apertada, mas eu não faço questão de grandes comidas. Minha comida é simples e rápida. Gosto é de comprar, de vez em quando, umas roupas. Não acho direito andar desarrumada.

II) Sou vendedor, tenho trinta anos. Nasci em Barra do Piraí e vim direto para cá, para este apartamento mesmo, há quatro anos. Tinha um primo que rachava o apartamento com dois colegas. Vim para o lugar do primo porque ele casou e mudou-se. Aqui sempre vivem duas os três pessoas para rachar o aluguel e as despesas. Agora somos três. Os dois outros são comerciários, mais ou menos de minha idade. Minha família é de Barra há muito tempo. Meu avô já nasceu lá. Trabalhei algum tempo em lojas lá mesmo de Barra. Mas sempre tive vontade de vir para o Rio. Já conhecia o Rio. Tinha vindo umas três vezes. Tenho alguns parentes afastados por aqui, mas não tenho contato com eles, não. O meu primo, que morava aqui, está em Botafogo e não vejo muito. Sabe como é, casou-se, tem dois filhos. De vez em quando vou pegar umas boias lá. No começo ia sempre a Barra visitar minha mãe. Mas ela morreu há um ano e agora quase não vou lá. Tenho três irmãos lá, dois casados e um solteiro. Gosto deles, mas não para enturmar, não. São meio roceiros, desconfiados. Eu era como eles, mas mudei muito. Dei muita cabeçada e aprendi. Tive sorte de vir logo para Copacabana porque é o lugar onde as coisas acontecem. É o único lugar do Rio onde se vive. Os outros bairros são chatos e sem graça. Não frequento muito outros bairros, mas quando vou ao Méier na casa de um amigo, me dá até aflição e quero sair logo. Não me acostumaria se voltasse para Barra. Acho que ficava maluco. O negócio na vida é melhorar sempre. Nada de voltar para trás. Acho o Brasil um grande país, está progredindo muito, crescendo. Acho que gente moça tem que embarcar nessa canoa e trabalhar muito. Quem sabe se daqui a alguns anos eu não estou num desses apartamentos da avenida Atlântica? Acho que não é tanta maluquice pensar isso, não. "Não tem tanta gente que consegue? Eu já melhorei tanto a minha vida – moro em Copacabana, uso roupas boas, qualquer dia desses vou pensar em comprar um fusquinha usado. Casar só com mulher rica. Não quero piorar de vida, mas melhorar. Não estou a fim de dar um duro desgraçado como muitos de meus amigos para garantir mais meio quilo de carne. "Quem não tem competência não se estabelece", dizia meu avô. Ele tinha razão. Quem se mete a besta é que se ferra. O negócio é fazer as coisas direito e com vontade. O mal é que o povo brasileiro ainda é muito preguiçoso e não gosta de suar muito. Sabe como é, "sombra e água fresca". As coisas não caem do céu, não. Tem que se esforçar e dar duro. O senhor não concorda?

III) Moro há 15 anos em Copacabana e há oito meses neste apartamento. Sempre morei em apartamento alugado desde que vim da Bahia. Morei no Andaraí durante três anos e no Flamengo durante cinco anos. Estou há quase 16 no Rio, vendo melhor. Tenho 35 anos. Estou satisfeito aqui. Copacabana é caixa de ressonância da opinião pública. Sou jornalista e sei disso. As reivindicações são atendidas. É bairro de classe média para alta, com muita gente rica. A diferença de aluguel é recompensada na economia que se faz com a condução, com os divertimentos, praia gratuita, inclusive com a alimentação (*vide* a rede de supermercados cada vez mais ampla). A vida em Copacabana é mais barata do que se pensa. Viver aqui é mais prático, simples e agradável.

Tenho trabalhado muito desde que cheguei ao Rio. Sempre gostei de jornalismo. Já fiz de tudo, reportagem policial, esportiva, política etc. Trabalhei em jornalecos e em grandes jornais. Já fiz viagens internacionais. Fui à Argentina, ao Peru e ao Paraguai. Conheço o Brasil como a palma de minha mão. Dos estados só não conheço o Piauí e Sergipe. O país está mudando. Muitas vezes a gente pode não gostar muito do jeito como as coisas são feitas, mas não considero isso de minha conta. O que eu achar não vai fazer muita diferença. O meu dever é relatar os fatos. É o que procuro fazer. Você que é cientista deve concordar comigo. Quanto ao mais, devo trabalhar e me preocupar com a minha família. Estamos casados há quatro anos e a minha filha vai fazer três este mês. O importante é que a gente tem oportunidade de se esforçar. Às vezes as coisas não dão certo, mas é questão de mais ou menos sorte. Sou um homem remediado, mas acho que estou me saindo bem, de modo geral. Daqui a uns vinte anos, o Brasil será uma grande potência. Eu sei que há muita coisa errada, mas "Roma não se fez em um dia". De qualquer jeito, não há país perfeito. O Paraguai é uma miséria. O Peru quase que só tem índio no interior. Na Argentina, Buenos Aires é muito bacana, não sei o quê, mas é uma bagunça. Concordo que para haver progresso tem que haver ordem. Os positivistas tinham razão. A Argentina, desde o Perón, não se acomoda. Resultado, ficam para trás. Há sempre gente insatisfeita em qualquer lugar do mundo. Mas a maioria dos brasileiros, atualmente, quer mesmo é comprar seu carrinho, sua televisão. Eu faço questão é de morar aqui, em Copacabana. Lutei para conseguir ficar aqui. Estou de olho em apartamentos de dois quartos para alugar. Quero ficar aqui pelos postos 4 e 5. É a melhor parte do bairro.

IV) Sou solteiro por convicção. Tenho trinta anos e sou advogado. Nasci no Grajaú, onde minha família morou muitos anos. Depois passamos para Botafogo e depois Leblon. Achava o Leblon muito parado. Assim que tive condições financeiras vim para Copacabana, que é, sem dúvida, o melhor bairro do Rio. Não é por coincidência que todo mundo quer vir para cá. Aqui temos todos os privilégios da civilização – recursos, divertimentos etc. Tudo é mais fácil e perto. Eu que sou solteiro aproveito muito os restaurantes, as lanchonetes. O apartamento é alugado. Não penso em comprar nada por enquanto. É melhor esperar e depois comprar algo melhor lá pelo posto 6. Já estive noivo, mas não deu certo. Descobri que eu quero é aproveitar minha liberdade, gozá-la sem grandes preocupações. Se o dinheiro aperta, meus velhos ajudam. Meu pai é funcionário público aposentado e minha mãe, professora primária, também aposentada. Não vivem mal, têm seu pé-de-meia mas nunca conseguiram ter casa própria.

Os programas aqui são mais fáceis. Trago, de vez em quando, mulheres aqui e ninguém chia. Imagine isso em qualquer outro bairro do Rio. Sempre tem um vizinho chato que é capaz de dizer que há uma "*garçonnière*" no prédio e coisa e tal. A tal noiva morava na Tijuca. Família conhecida da minha, era uma bosta. Beijinho e olhe lá. Acabei me mandando. Quase deixei a noiva no altar. Mau-caráter, talvez. Mas salvei minha vida a tempo. Não penso em me casar. É claro que daqui a alguns anos tudo pode mudar. Mas agora o que eu quero é ter meu carro, garantir meus programas e tomar meus porres sem que ninguém me chateie. Acho que ainda vou ganhar um bom dinheiro. O dono do escritório onde trabalho gosta de mim. Ainda vou fazer muita coisa por aí.

V) Tenho 54 anos. Sou funcionário do Estado da Guanabara. Trabalho na Secretaria de Justiça. É um emprego modesto, mas é o que tenho. Minha família não tinha recursos. Parei de estudar para começar a trabalhar quando tinha 13 anos. Há mais de quarenta anos que trabalho. Tenho mulher e três filhos criados. O mais velho é bancário, o segundo é oficial da Marinha Mercante e a minha filha caçula estava na Escola Normal quando casou e parou de trabalhar. Ela já tem filho. O nosso filho mais velho, o bancário, já tem dois. O outro é solteiro, meio aventureiro. Mas acho que os três tiveram mais oportunidades do que eu. Minha mulher foi uma boa mãe e esposa. Está agora doente, com reumatismo, passa muito tempo na cama. Eu também não tenho muito boa saúde, já tive uns probleminhas de coração. Se fosse rico parava de trabalhar, mas também não quero. O trabalho é também uma distração. Daqui a cinco anos, posso me aposentar. Aí não sei se paro ou arranjo outra coisa para fazer. Um pouco mais de dinheiro não faz mal. Tenho despesas de médico. O meu filho do meio, às vezes, ajuda um pouco a mãe dele, mas não é sempre que pode. Minha vida foi muito dura. Meu pai era um homem severo e minha mãe tinha sete filhos, não podia dar atenção especial a ninguém. Dois de meus irmãos já morreram. Eu era o quarto. Ninguém pôde fazer curso superior. Todos tiveram que dar um duro danado. Mas todos são pessoas honestas que nunca roubaram ninguém. Não têm do que se envergonhar. É isso mesmo, a gente não pode querer tudo. A vida toda eu queria morar em Copacabana. Era um sonho. Consegui chegar aqui. Há seis anos que moramos neste apartamento. Adoro poder andar pelas ruas, vendo as pessoas, as coisas, as lojas. O movimento, a beleza, a gente faz o que quer, ninguém conhece ninguém e todo mundo conhece todo mundo. Morei na Penha, em Vila Isabel e no Rio Comprido antes de vir para cá. Não há comparação. É um outro mundo. Qualquer problema, está tudo à mão – farmácias, lojas, supermercados. Adoro ver o futebol de praia. Minha mulher gosta daqui também. Quando pode, adora andar pela avenida Copacabana, vendo as vitrinas.

O prédio é bom. Nunca tive problemas maiores. Dizem que em outros andares é pior. Só duas vezes, que eu me lembre, é que tive de reclamar de barulho. Eram umas festinhas no andar de baixo. Os nossos vizinhos neste andar não nos incomodam. Também sempre evitamos maiores intimidades. Nada de muita conversa. Bom dia, boa tarde e estamos conversados. Saímos pouco de noite, não só por causa da saúde de minha senhora, mas porque gostamos muito de televisão. A minha mulher, às vezes, fica vendo televisão cinco, seis horas seguidas. Tenho um irmão que mora aqui perto, na Barata Ribeiro. Às vezes eles vêm aqui jogar cartas. Não é a dinheiro, é só pela diversão.

VI) Sou uma velha de sessenta anos, viúva com uma filha única criada e bem-casada. Tenho três netos. Meu genro é oficial do Exército, capitão quase major. Eles queriam que eu fosse morar com eles depois que meu marido morreu. Eu não fui. Gosto de ter meu canto, as minhas coisas. Não quero me meter na vida deles e me transformar numa sogra e avó chata. Assim é ótimo, vou lá sempre mas não moro lá. Moram no posto 2. Às vezes, quando não está muito quente, vou andando pela praia. Tenho muita saúde e esse mundo ainda vai ter que me aturar muito.

Moro em Copacabana há 21 anos. Moramos em dois apartamentos de dois quartos – um na avenida Nossa Senhora de Copacabana e o outro na Siqueira Campos. Antes tinha morado em Botafogo. Morei em Botafogo desde que nasci. Gosto até hoje de lá, mas aqui é outra coisa. Não tem nada parecido com Copacabana. Se tivesse cemitério em Copacabana eu queria ser enterrada aqui. Isso é terra de gente esclarecida, inteligente. Se o povo brasileiro fosse como o copacabanense, o Brasil estaria muito melhor, progredindo ainda mais. Acho que as melhores pessoas do país acabam vindo para cá. A elite mora aqui, juízes, escritores, médicos, advogados, industriais, embaixadores, ministros. Meu marido era um alto funcionário do Banco do Brasil. Temos apartamento próprio, mas agora, viúva, não tenho necessidade de apartamento maior do que este. A empregada vem todo dia, arruma a casa, lava banheiro e cozinha e prepara o almoço. O jantar eu mesma faço. Geralmente tomo uma sopa, faço um bife. Janto com minha filha umas duas vezes por semana e almoço lá no domingo. Ajudo a tomar conta das crianças. Não sou uma velha inútil. Tenho algumas velhas amigas com quem me encontro sempre para conversar. O meu irmão mora em São Paulo e só o vejo uma vez por ano mais ou menos. Ele é diretor de uma companhia de seguros. Não gosto muito da mulher dele, que é muito mal-educada. Filha de imigrantes italianos, gente grosseira. Dinheiro não é tudo na vida. Ter boa educação é mais difícil. Há muita gente mal-educada neste prédio. Tem um cafajeste no terceiro andar que é uma vergonha. Há, pelo menos, três ou quatro moças neste prédio que juro que não podem ser boa coisa. Uma diz que é atriz. Nunca vi nenhum filme com ela. Mas eu não ligo muito, não. Contanto que não mexam comigo, está tudo bem.

VII) O meu trabalho é costurar para fora. Meu marido mora em Pernambuco. Não estamos separados, não. Ele arranjou um trabalho lá. Aqui ele estava desempregado. Morei na rua da Alfândega numa pensão e antes em Vaz Lobo. Viemos de Pernambuco há 15 anos. Meu marido não teve sorte com emprego. Como eu sei costurar, conseguimos ir vivendo. Temos uma filhinha e o dinheiro não está dando. O que eu ganho dá para eu e ela. Meu marido agora conseguiu um emprego no Recife. Não sei o que vai ser. Pode ser que ele volte ou que a gente vá para o Norte, de vez. Ele foi há seis meses. Separados por pobreza. Ele trabalha num banco. Aqui foi vendedor e dirigiu carro de praça. Mas era muito pouco e ele é muito nervoso. Aqui é muito bonito mas eu não tenho tempo de sair. A vantagem é que as freguesas estão perto. Depois que a gente vem, é difícil voltar. A gente se acostuma com umas coisas. A menina vai à praia com uma vizinha que tem uma criança também. Sempre ouvi falar em Copacabana. Via retrato em revista. É muito bonito, mesmo. Tenho bastante freguesia. Eu conhecia uma moça que me apresentou umas freguesas. O pessoal aqui gosta de andar bem-vestido. Se eu não soubesse costurar e não tivesse aprendido as modas daqui depressa, eu não sei, não. O aluguel é barato porque o apartamento é de uma freguesa minha que não precisa. Eu costuro para toda a família dela. Moramos aqui há três anos. Tenho umas pri mas que moram em Madureira. De vez em quando elas vêm visitar a gente. Conversa mesmo é com as freguesas e com essa vizinha do lado, que de vez em quando vem aqui. Eu gosto de morar em Copacabana. É o melhor lugar para uma costureira.

VIII) Sou bancário. Já trabalhei em três bancos. Tenho 43 anos, sou casado e tenho dois filhos, – um menino e uma menina de dez e outra de oito anos. Mora conosco a minha sogra, que tem mais de sessenta. Minha mulher faz doces que vende para fora, de vez em quando. Ajuda o nosso orçamento. Não é sempre que é preciso, mas quando algum conhecido sabe de alguma festa que vai precisar de doces indica a minha mulher. A minha sogra ajuda também, afinal foi ela que ensinou minha mulher. Quando a encomenda é grande e tem pouco tempo, toda a família ajuda. Até eu ajudei a enrolar "brigadeiro". Já houve ocasião de minha mulher fazer mais dinheiro no mês do que eu. Mas às vezes passa tempo sem aparecer nada. Eu sou datilógrafo também. Já trabalhei como datilógrafo numa firma, agora sou caixa no banco. É um trabalho muito cansativo e enervante. Qualquer distração e é um trabalhão infernal para conferir tudo, ver onde foi o erro. Já houve ocasião de eu ter de ficar várias horas depois do expediente para verificar. É um trabalho de muita responsabilidade e, às vezes, o cliente não entende, está apressado, se irrita, reclama. Graças a Deus nunca houve nenhum assalto em agência onde eu estivesse trabalhando. É uma chateação, um aborrecimento. Um ex-colega meu ficou doente dos nervos porque presenciou dois assaltos. Eu não quero é me meter em confusão. Não entendo e não quero entender de política. Acho que isso não é coisa para gente do nosso naipe. A gente tem é que trabalhar e aproveitar as oportunidades existentes para melhorar de vida, trabalhando honestamente e fazendo o melhor possível. O pessoal de cima se entende. Sempre foi assim. Agora, que o Brasil tem melhorado, acho que ninguém pode negar. Todo mundo tem televisão, liquidificador. Aqui em Copacabana, então, nem se fala. A gente tem tudo à mão, do bom e do melhor. Comércio, bancos, cinemas, confeitarias, restaurantes, médicos, tudo, tudo. As crianças vão à escola ali na outra quadra. Escola pública, gratuita, boa.

Eu nasci em Minas, em Barbacena, mas vim menino para o Rio com meus pais. Meu pai era comerciário. Moramos na Lapa, em Fátima e depois na Tijuca. Quando casei ainda morei na Tijuca. Estou aqui, neste prédio mesmo, há nove anos. A menina já nasceu aqui. Meus pais estão vivos e moram lá na São Francisco Xavier. A família de minha esposa é do Rio mesmo. Eram nossos vizinhos na Tijuca. O pai morreu há cinco anos e a minha sogra veio morar conosco, pois éramos os que estávamos melhor de vida na ocasião. O apartamento é alugado. Estou pensando em comprar um pelo BNH porque este fica apertado para nós. Mas o caso é que é difícil encontrar um apartamento de três ou mesmo dois quartos que a gente possa comprar aqui em Copacabana. A nossa renda familiar fixa não dá e o dinheiro dos doces não é uma coisa certa. A gente não gostaria de sair de Copacabana. É o melhor bairro do Rio, com recursos, divertimentos. De modo geral, as pessoas que vêm para cá são de boa família, de berço. Há exceções, é claro, como em qualquer lugar. Aqui no prédio mesmo, de vez em quando, há alguns problemas, mas isso não é a regra. Acho que deveria haver maior controle para ver quem vem morar aqui. Acho que o nosso pior problema é o da falta d'água. Água racionada é um atraso de vida. Esses elevadores desde que vim para cá vivem enguiçando. Para nós não é nada, mas para minha sogra, que já está idosa, subir sete andares é uma barbaridade. A Administradora, não sei, não, mas acho que qualquer administradora é assim. Não há muito o que fazer.

IX) Meu marido é professor de Geografia no ginásio. Leciona em três colégios particulares. Ele tem 32 e eu, trinta. Nosso filho está com quatro. Meu marido trabalha muito, dá seis, sete aulas por dia e ainda dá aulas particulares de vez em quando. Eu fiz durante alguns anos Brasil-Estados Unidos (Ibeu) quando era solteira. Assim tenho, às vezes, uns alunos de inglês. Mas isso não é sempre. Sou mesmo é dona de casa. Meus pais nos ajudam muito. Emprestam dinheiro quando é preciso. Médico urgente, dentista, roupas para o menino, essas coisas. Os pais de meu marido ajudam menos porque têm quatro filhos. Eu só tenho uma irmã. Minha mãe ajuda a tomar conta da criança quando eu tenho de sair. Meus pais moram aqui perto, na Leopoldo Miguez. Meu pai é dentista. O apartamento deles é de dois quartos e é próprio. Uma vez ou outra quando queremos sair de noite deixamos o menino com eles. Mas eu não abuso, não. Eles já tiveram muito trabalho cuidando da gente e precisam descansar um pouco. Minha irmã casou-se com um oficial do Exército, há um ano. Ele é tenente. Ainda não têm filhos e foram para o Rio Grande do Sul, Bajé. Moramos aqui desde que casamos, há cinco anos. O prédio não é uma maravilha mas vamos levando até conseguir coisa melhor. Acho que dentro de pouco tempo poderemos nos mudar para um de dois quartos. Estamos tentando ficar aqui por perto, o ponto é bom, é perto de meus pais, tem muitas facilidades. Vai ser meio triste se tivermos de sair de Copacabana, mas talvez não haja escolha. Vamos ver se conseguimos ficar o mais perto possível. Talvez em Botafogo. Ipanema nem se fala. Os preços lá já estão piores do que os daqui. Se houver concurso para o Estado o meu marido vai fazer. Aí a gente pode melhorar bastante. Esses colégios particulares cobram os olhos da cara dos alunos mas exploram os professores. Pagam uma miséria. No Brasil não se dá a devida importância a um professor. Qualquer ignorante, no comércio, pode ganhar mais do que uma pessoa com Faculdade de Filosofia. As nossas despesas vão aumentar se passarmos para um apartamento maior. Aqui não preciso de empregada. Uma faxineira vem uma vez por mês fazer o serviço mais pesado. Eu não tenho medo do trabalho. Cozinho, arrumo, lavo e passo e ainda encontro tempo para sair com o menino. Quando posso levo ele à praia. Não quero é nada com vizinho. Aqui tem umas pessoas da pior espécie. Não sei como pode. A maioria das pessoas daqui, como o senhor sabe, são pessoas de família, direitas. Mas tem umas mulheres da vida que vivem criando problemas, fazendo escândalo. O síndico não tem autoridade para resolver coisa alguma. Só fazendo um abaixo-assinado com todos os outros moradores é que a gente podia tirar elas daqui. Mas isso não se consegue. Sempre há gente que tem medo de se envolver com essas coisas e que não liga para o bom nome do prédio. Quando nos mudamos era pior, mas continua não sendo o que devia ser. É uma pena porque o ponto é bom, a rua é boa. Enfim, vamos ter que nos conformar e esperar que a gente possa sair daqui sem muita tardança. Quero que meu filho cresça num ambiente melhor. Quando estivermos melhores de dinheiro quero conseguir meu diploma no Ibeu. Acho que terei boas oportunidades com isso. Talvez possa vir a lecionar num colégio ou pegar um emprego mais qualificado. Modéstia à parte, era uma boa aluna de inglês e tenho jeito para ensinar.

Sou católica mas acredito no espiritismo e na umbanda. De vez em quando vou a um terreiro em Botafogo. A minha tia, irmã de minha mãe, é espírita. Quando posso vou à igreja nos domingos. Acho importante ter uma religião. Não me envergonho de ir a terreiro. Já tive provas de que funciona mesmo. Não quero fazer mal a ninguém, quero o bem de todos. Tenho minhas queixas mas não sou pessoa vingativa. Meus pais não gostam de umbanda, mas meu pai é meio espírita. Acho que puxei o misticismo dele. Mamãe não acredita em nada. Minha irmã puxou a ela, mas meu cunhado é católico. Meu marido tem medo dessas coisas. Ele diz que não acredita mas eu sei que ele tem medo. Se tem medo é porque acredita, não acha? Ele nem gosta de saber que eu fui ao terreiro. Eu só assisto, não participo, mas acho que sou meio médium.

X) Adoro morar em Copacabana. Gosto de saber que existe movimento e confusão na esquina de casa. Na hora que eu quiser, me perco nela. Nada de calma excessiva, de marasmo. Vida é isso aqui. Moro em Copacabana há vinte anos e nunca me arrependi um segundo de ter vindo para cá. Primeiro moramos na Xavier da Silveira. Depois viemos para a Raimundo Correia. O apartamento é próprio, comprado com sacrifício, mas valeu a pena. Não sou rico, sou desses médicos idealistas que ainda se encontram de vez em quando. Sempre ajudei muito as pessoas e muitas vezes não me pagam porque não podem, porque não querem. Faço abatimentos, dou remédios, atendo fora de hora. Fiz 55 anos. Não parece, não é? Todo dia acordo às seis horas da manhã, tomo um cafezinho e vou andar pela avenida Atlântica até o Leme, ida e volta. Às sete e meia estou saindo de casa, para a clínica ou para o meu consultório, que é aqui perto. Sou clínico, desses antigos. Minha mulher é professora primária aposentada. Aposentou-se há três anos. Casamos nossa filha única há um ano com um engenheiro. Estão bem de vida e ela já está grávida de três meses. Como disse, sempre desejamos morar em Copacabana. Somos cariocas da Tijuca, mas cansamos daquilo lá. Depois, tudo na minha vida acabou vindo para esta zona. Comprei apartamento aqui depois de vender uma casa na Tijuca. Era um apartamento modesto, mas depois conseguimos comprar este que é bem melhor. Agora, até que está grande para nós, mas quando vier o neto ficará pequeno, de novo. Eles moram na Bulhões de Carvalho. Os pais de meu genro são mais ricos do que nós. O apartamento deles foi dado pelo pai do rapaz. Ele é engenheiro, como o filho, e soube fazer dinheiro. Eu sempre tive incapacidade absoluta para ganhar dinheiro. Mas eu não ligo, não. As coisas que eu mais queria, consegui. Sou bem-casado, criei bem minha filha, tenho um bom apartamento em Copacabana, que é o melhor bairro do Rio. Meu carro, um Aero Willys, vendi o ano passado. Não estou pensando em comprar um novo. Nossa vida é mesmo por aqui. Carro só é importante para mim para atender a um chamado noturno, de urgência. Talvez acabe comprando um novo, financiado. Hoje em dia pode-se comprar tudo financiado. A sala de meu consultório é minha também. Vendi o carro para ajudar a comprar. Já trabalhava ali há oito anos e o proprietário quis vender. Fiz um esforço e comprei. Isto foi no ano passado. Agora estou esperando um pouco para fazer uma reforma lá.

Conheço a Argentina e o Uruguai. Fomos a Buenos Aires, Mar del Plata, Bariloche, Montevidéu e Punta del Este. Isto foi há sete anos. Temos planos para ir aos Estados Unidos e à Europa. Acho que vamos em excursão, que sai mais barato. Vamos esperar o nascimento do neto, vê-lo crescer um pouco. Talvez daqui a uns dois anos possamos ir. Gosto de viajar. Já fomos também à Bahia, às cidades históricas de Minas Gerais e a Brasília. Mas, no Brasil, não há nada comparável a Copacabana. É a capital do país pela civilização, pelo conforto.

XI) Tenho 28 anos. Sou do Ceará. Estudo Direito e trabalho num cartório. Estou no Rio há cinco anos. Morei primeiro numa pensão aqui mesmo em Copacabana. Depois, quando pude, aluguei este apartamento com um conterrâneo. Moro aqui há dois anos. Ainda, antes de vir para cá, morei, de favor, na casa de um conhecido de minha família, por uns dois meses. A família estava fora e eles me deixaram ficar lá, só pagando as contas. Era na avenida Copacabana, perto do Copacabana Palace. Aqui a gente racha o aluguel, de modo que não sai caro. O meu colega é, também, pessoa de respeito, estudante, também. Não tenho queixas. Podia morar em outro bairro, mas sempre desejei conhecer e morar em Copacabana. Por isso vim direto para cá. Tive alguns problemas de adaptação, fui assaltado logo que cheguei, perdi meus documentos e quase todo o meu dinheiro. Agora estou mais esperto, ninguém me pega assim fácil, não. Sou pessoa de muito boa-fé, acredito nos outros, por isso mesmo entrei pelo cano várias vezes. Mas estou aprendendo à custa de apanhar. É o método mais difícil. Uma vez, já estava aqui há uns seis meses e um colega de trabalho me disse que estava em dificuldades e me pediu duzentos contos emprestados. Nunca mais vi a cor daquele dinheiro. Até hoje. O sujeito sumiu e tudo ficou por isso mesmo. Isso não acontece mais comigo. Vou acabar aprendendo a passar a perna nos outros. Não gostaria de morar em outro bairro do Rio. Aqui é mesmo o melhor lugar. É bonito, moderno, cheio de coisas para fazer e ver. Nunca imaginei que fosse tão bom. Eu me viro por aí, sempre faço uns programas. Tem gente aí que topa qualquer programa. Sou contra excessos de liberdade, é claro. Essas mocinhas que andam por aí, provocando a gente, de minissaia e biquíni não podem ser honestas. Se já não fizeram alguma coisa, vão acabar fazendo. Não sei como os pais permitem. Se eu visse filha ou irmã minha com uma roupa dessas eu lhe dava uma surra. O engraçado é que quando a gente mexe, diz alguma coisa, elas não gostam. Então que não provoquem os homens. Tem muito afeminado por aí, mulher-homem também. Acho que não pode haver excesso de liberdade. Essas pessoas andam pela rua, exibindo suas monstruosidades. Deviam ser presas ou internadas, à força, para tratamento.

Na faculdade não me meto em confusão. Política é para os políticos. Estudante tem é mesmo de estudar. A faculdade é ruim, eu sei, mas quem quer estudar mesmo, estuda até sozinho. Eu quero subir na vida e não tenho medo de trabalho. O importante é melhorar sempre. Só volto ao Ceará a passeio, e só quando estiver rico e tiver vencido na vida. Quero ter um carro, um apartamento dúplex aqui mesmo em Copacabana. Quero ter dinheiro para poder ir ao exterior, de vez em quando. Gostaria muito de conhecer os Estados Unidos.

XII) Detesto Copacabana. Muita barulhada, ninguém deixa a gente dormir, não se fazem amigos. Há pouco tempo, mudou-se uma vizinha daqui. Coisa mais triste não se poder despedir de uma vizinha. Mas era impossível, a mulher era uma cascavel. Sabe o que é um edifício com 160 apartamentos? Quando vim para cá não contei o número de portas. Na Zona Norte se fazem amizades sólidas. Aqui muda hoje, aparece outro, daqui a três meses sai de novo. Com vizinho a gente só pergunta se está precisando de alguma coisa, uma injeção, um remédio, mas botar o meu pezinho no apartamento dele eu não ponho, não.

Gostaria de ir para um bairro mais tranquilo. Ou Zona Norte ou Jardim Botânico, ou Urca. Acho que voltar para a Zona Norte também não dá mais. Sou viúva, vivo com minha filha, genro e neto. Eles não querem sair da Zona Sul, de jeito nenhum. Acho que eu mesma não me acostumaria mais. Sou amazonense, vivi na Tijuca de 1940 até 1964. Mas viúva não pode escolher, depende dos outros. Vim assim para cá. Dependo de meu genro e de minha filha. Eles trabalham no

Tribunal Regional. Meu marido era tenente da reserva. Tenho um pequeno montepio, mas não é suficiente. Tenho 58 anos.

*

I) Moro no Méier desde que nasci. Tenho 31 anos. Sou comerciário, trabalho no Centro da cidade. Estou casado há quatro anos, tenho dois filhos e moramos com os pais de minha mulher. É uma dessas casas antigas, com porão e muitos quartos. Tem seis quartos. Moram ali os dois velhos, nós quatro, um irmão mais moço de minha mulher e duas empregadas. Tem suas vantagens porque as pessoas se ajudam. A gente, no início do casamento, teria dificuldades de morar sozinhos. Meu sogro é dono de um armazém. Dois filhos trabalham com ele mas eu não quero não. Já dependo demais dele, morando aqui. Minha mulher não trabalha não e eu não gostaria disso. Acho que mulher deve ficar em casa, tomando conta dos filhos.

O meu sonho é ir morar em Copacabana. Assim que puder alugo um apartamento lá, pequeno mesmo, não me importo. A vida aqui é muito parada, sem graça. Somos moços ainda e precisamos aproveitar nossa mocidade. Para velho isto aqui pode ser bom, mas nós devemos ver coisas, aproveitar. Veja, por exemplo, a rua onde nasci não mudou nada nesses 31 anos. Não se construiu nada, não se derrubou nada. O tempo não passa. Os meus pais moram numa casa boa de três quartos. Tenho um irmão que vai se casar agora e vai tentar morar em Copacabana. Parece que o sogro dele vai ajudar a pagar o aluguel. Não é por nada, não, mas estou com inveja dele. Vamos a Copacabana sempre que podemos, para ir à praia, ali no posto 6, passear, fazer compras etc. Mas com as crianças é meio complicado, fica tudo meio confuso. Acho que pelos meus sogros, a gente ficava a vida toda na casa deles. Mas não pode, o ser humano tem que progredir, se fazer por si mesmo. A minha mulher concorda comigo, embora saiba que lá ela não vai ter a ajuda da mãe, das empregadas velhas.

Mas é assim mesmo. Na vida não se pode ter tudo. Depois, mais tarde, a gente pode até comprar um apartamento maior. O importante é tentar e ter esperança. Deus há de nos ajudar.

II) Gostaria muito de ir para Copacabana. Acho que seria uma boa recompensa para quem trabalhou tanto como eu e minha mulher. Ela foi modista e eu me aposentei como funcionário da Central do Brasil. O subúrbio é muito triste. Não tivemos filhos e somos muito sozinhos. Lá, a gente teria aquela animação e movimento todo. Ninguém pode se sentir sozinho em Copacabana. Aqui em Madureira, nesta rua, oito horas da noite, parece até madrugada. Ninguém na rua, todo mundo quieto que nem morto. Acho que vendendo essa casa, daria para alugarmos um apartamentozinho e ficarmos lá até morrer. Tenho 66 anos e minha mulher, 64. Não temos muitos anos de vida e podíamos aproveitar os últimos anos. Os nossos antigos vizinhos foram morrendo ou se mudando. Moramos nesta casa há 26 anos. Estamos neste bairro há 35 anos. Somos os dois do Estado do Rio, de Campos. Fui um funcionário exemplar, gostava muito de trabalhar. Senti muito quando me aposentei. Mas a vida é assim mesmo. Morei em Belo Horizonte um ano, quando era solteiro, morei um ano também em Juiz de Fora. Mas isso foi há muito tempo, deve estar tudo mudado. Sempre respeitei e obedeci meus superiores. Nunca fui malcriado e sempre soube o meu lugar. Meus chefes gostavam de mim, sabiam que podiam contar comigo. Hoje em dia, a gente encontra muita coisa errada. É que o pessoal moço não entende que tem de ter paciência e ouvir quem sabe mais. Muitas vezes eu fazia coisas que eu não sabia por que estava fazendo, mas não fazia pior por causa disso. Confiava nas pessoas que sabiam. Na hora de votar sempre ouvi gente mais instruída do que eu, que eu respeitava. Se tivesse tido filho faria com que ele aprendesse a respeitar os mais velhos, os chefes, as pessoas mais instruídas. Acho a desordem o pior dos males. Tem que haver ordem, respeito.

III) Moro aqui no Andaraí há 12 anos. Antes moramos dez anos no Rio Comprido. Meu marido é oficial da Marinha Mercante. Temos dois filhos, uma menina de 14 anos e um menino de 11. Meu marido viaja muito. Já estou acostumada. O nosso apartamento tem dois quartos, de tamanho médio. Não é próprio. Não me queixo muito, mas desejaria poder morar em Copacabana, porque é um bairro de vida autônoma, tudo que se precisa é encontrado sem sair do bairro, comércio e diversões. Outra vantagem é que lá os vizinhos não se preocupam com a vida alheia. É um bairro mais avançado, mais moderno. Além disso é um bairro mais selecionado, tem um número menor de "zé-povinho". Aqui, não, é muito misturado. Não quero que meus filhos cresçam sempre num ambiente assim. Em Copacabana vão conhecer gente da idade deles, de boa família, educada. Enfim, não sei se isto será possível porque tudo está muito caro. Seria bom se, pelo menos, pudéssemos ir para a Zona Sul, Botafogo talvez. Depois, então, tentaríamos ir para Copacabana. Acho que merecemos um bairro melhor para morar.

IV) Moro aqui na Urca desde menino. Estou com 26 anos. Estou noivo e quando casar vamos para Copacabana, de qualquer jeito. A Urca parece até cidade de interior. Todo mundo se conhece, se controla. A gente não tem a menor liberdade. Namorar, só longe do bairro. As garotas daqui estavam sempre vigiadas, eram de família conhecida. Começava a namorar uma menina, com 15, 16 anos, e as famílias já começavam a fazer planos de casamento. Não quero que meus filhos cresçam em ambiente tão provinciano. A minha noiva, que é de Botafogo, concorda comigo.

Larguei o colégio no primeiro ano científico. Queria trabalhar e ganhar o meu dinheiro. Os meus pais, no começo, não se conformaram. Meu pai é coronel do Exército, da reserva. Sempre teve vontade que eu fizesse um curso superior. Queria que eu fosse engenheiro ou médico. Militar mesmo ele desistiu logo. Tentou me botar no Colégio

Militar, não aguentei seis meses. Andei de colégio em colégio. Aí eu não aguentei mais. Não queria mais continuar dependendo de mesada. Sempre que eu tirava nota baixa, ficava em segunda época, era reprovado, cortavam minha mesada. Não podia ir ao cinema, sair com uma garota, fazer qualquer programa. Quando parei de estudar, tive até de sair de casa por algum tempo. Fiquei na casa de uma tia mais de um mês, até meu pai se conformar. Minha mãe queria que eu continuasse estudando também, mas não era como meu pai. Fui arranjando uns empregos, ganhando algum dinheiro. Atualmente sou funcionário da Cruzeiro do Sul. Já estou nesse emprego há mais de três anos. Embora tenha parado de estudar não sou nenhum ignorante. Sei alguma coisa de inglês, bato à máquina, me viro muito bem. Minha noiva é secretária em uma firma estrangeira, americana. Juntos temos condições de alugar um quarto e sala em Copacabana. Sempre que saímos vamos a Copacabana. É o lugar onde se tem mesmo coisa para se fazer – cinema, *boîte*, restaurante, bar. Tenho muitos amigos e conhecidos que moram lá. Eu gostaria de morar entre a Serzedelo Correia e o Roxy. É a zona que tem mais recursos, mais movimento. Já vimos uns três apartamentos por ali. Estamos de olho num. Copacabana é o verdadeiro Centro do Rio.

V) Vou me mudar para Copacabana no ano que vem, sem falta. Sou corretor, tenho 36 anos, casado, pai de família, com três filhos. Moro aqui em Laranjeiras desde que casei há oito anos. Este é o nosso terceiro apartamento no bairro. Como sou corretor vou me virando, descobrindo vantagens, facilidades. Mas agora eu vou comprar um apartamento. Melhorei de vida, sempre tive vontade de morar em Copacabana, vou aproveitar a ocasião. Entro num financiamento desses e parto logo para um apartamento de três quartos. Se for preciso, vendo o meu fusca, para ajudar na entrada. Mas talvez não seja preciso. Tem uns caras aí que ainda me devem uns dinheiros e está na hora de cobrar. Tenho condições de conseguir um bom apartamento.

Copacabana é um bairro valorizado porque oferece toda espécie de atrativos. Por isso que as pessoas quando melhoram de vida querem se mudar para lá. Tem todas as comodidades à mão, tudo fácil. Vou procurar apartamento nos postos 5 e 6. Sei que encontro o que quero, por lá. A Zona Sul é a melhor parte da cidade e Copacabana é o melhor bairro da Zona Sul. Esse negócio de Ipanema é moda, bossinha. Não se compara com Copacabana em termos de divertimentos, comércio etc. É claro que quando eu vou vender um apartamento em Ipanema, eu só vou falar das "maravilhas". Mas eu sei o que quero.

*

I) Tranquilidade é tudo para mim. Durante algum tempo tive isso em Copacabana. Vim para o bairro em 1945. Meu pai, médico no Rio Grande do Sul, resolvera fixar-se no Rio, preocupado com a educação dos filhos, oportunidade de emprego etc. Ele viera antes de nós e depois de muito procurar resolveu comprar uma casa em Copacabana, na rua Santa Clara. Foi ótimo nos primeiros anos, eu era mocinha, gostava da praia, de passear. De vez em quando, ia para a cidade com minha mãe fazer compras. Copacabana era um bairro residencial, familiar. Todo mundo se conhecia, as famílias se davam ainda, se cumprimentavam. Em 1950, eu me lembro bem, derrubaram a casa ao lado da nossa e construíram um edifício. A obra levou quase três anos. Era um barulho infernal, serra, poeira, um horror. A partir daí foi um tal de obras, derrubada de casas, que perdemos nossa tranquilidade. Casei-me em 1954. Moramos num apartamento alugado na avenida Copacabana durante três anos. Quando o primeiro filho começou a ficar maiorzinho, resolvemos que era hora de sair do bairro. Em fins de 1957, mudamos para esta casa, aqui em Ipanema. Meu marido é médico e estava preocupado com nossa saúde. Foi a melhor coisa que fizemos. Copacabana só fez piorar. Hoje em dia está insuportável, entupida de gente, edifícios e automóveis. Nosso filho cresceu saudável aqui, assim como os dois que vieram depois. Ipanema também está mudando depressa, mas nossa rua preserva sua tranquilidade. Mantivemos nossa paz de espírito. Meus pais acabaram vendendo a casa há uns dez anos. Virou edifício. Eles se mudaram para um apartamento no Leblon, mas passam parte do tempo em um sítio em Friburgo, que papai comprou há uns 15 anos. Tenho saudades da Copacabana de antigamente. Era um lugar agradável, bom de morar. Isso tudo acontece por falta de planejamento, de controle. Não se pode ter tanta gente num lugar como Copacabana, nem misturar tantos tipos diferentes de pessoas. A maioria de meus amigos acho que já saiu de lá. Estão aqui em Ipanema, no Leblon, no Jardim Botânico e na Lagoa. As pessoas de melhor situação, se podem, acabam saindo de lá. É inevitável, porque as pessoas gostam de viver perto de pessoas de seu nível. Copacabana está muito misturada.

II) Moramos 12 anos em Copacabana. De 1956 a 1968. Depois não foi mais possível. Não queria me aborrecer e resolvemos vir para o Jardim Botânico. Este edifício é antigo, não tem elevador, mas o apartamento é amplo e a rua é tranquila. Minha vida já é muito agitada e quando volto para casa quero repouso e silêncio. Sou advogado, passo o dia ouvindo pessoas falarem, me agito muito, ando pela cidade. Agora, chego em casa às sete, sete e meia, tomo meu banho, tomo um uísque, janto, vejo televisão ou ouço música e durmo tranquilo. Minha mulher, no começo, estranhou um pouco, estava acostumada com aquela confusão. Agora ela está, também, gostando daqui. Temos um filho de 13 anos ainda. O ambiente lá não era bom para ele. Turminhas de rua, de portaria, muito cafajeste por perto. Aqui, ele pode ter seus amigos tranquilamente, são meninos de boa família. Nos primeiros meses ele queria ficar indo para Copacabana, continuar com a turminha dele. Mas acabou ficando com preguiça de ir lá e fez amigos aqui. Brincam, jogam futebol, devem ter seus namorinhos. O que eu tinha mais medo lá era esse negócio de maconha. Tem muito garoto lá que já está viciado. É uma desgraça. Aquilo está cheio de marginais. Além disso, o menino não parava mais em casa, não estudava, andava mal na escola. Aliás, mudei ele de colégio, também. O dele, lá mesmo em Copacabana, está cheio de marginais, maus elementos. Agora ele fica mais em casa, podemos controlá-lo melhor, está estudando mais. Temos carro, vou de táxi para a cidade, minha mulher se precisa comprar alguma coisa pega o carro e em um minuto está em Ipanema ou mesmo Copacabana. Não há problemas. Não vejo vantagem em morar no meio do tumulto. Aquilo lá virou uma guerra, mas nós saímos dela.

III) Fui criada numa rua pacata da Tijuca. Quando casei morei no Grajaú, durante oito anos. Fui para Copacabana em 1958. Foi por insistência do meu marido. Vivemos dez anos em Copacabana. A razão de nossa ida eram as grandes facilidades do bairro, seu comércio, recursos, escolas, divertimentos. Isso não se pode negar. Não foi uma decisão fácil sair de lá. A vida é prática, cômoda. Mas há sérios inconvenientes, falta de sossego, nervosismo. Vendemos nosso apartamento e compramos este em Botafogo. Eu sei que perdemos muita coisa. Preferia ter ido para Ipanema, mas lá está tudo muito caro. Aqui o edifício é novo, tem *playground* para as crianças menores, o apartamento é mais espaçoso do que o de Copacabana. O comércio é bem inferior, e como não temos carro as coisas ficam mais complicadas. Mas estou me acostumando. Se comprarmos um carro, tudo se tornará mais fácil. Estamos há quase dois anos aqui. Meus filhos gostam. O mais velho está com vinte anos e está no segundo ano de engenharia da Universidade Federal. A menina de 15 está terminando o ginásio, a de 13 está no segundo ano e o caçula está no quarto ano primário. Acho que os menores foram os que mais lucraram com a mudança. Quem mais reclamou foi a de 15. Ela chorou muito quando saímos de Copacabana, tinha muitas amigas, colegas. O meu marido é funcionário público, trabalha no Ministério da Educação há mais de vinte anos. É ótimo funcionário, foi promovido recentemente. Ele fez questão de vir para cá, disse que Copacabana era um lugar inabitável. Andou se aborrecendo com uns vizinhos e com o síndico do prédio onde morávamos. Isso foi a gota d'água. Eu acho que estou satisfeita aqui, embora sinta falta daquele movimento de Copacabana.

A utopia revisitada

Evidentemente, a volta a Copacabana não tem o mesmo caráter de um retorno a uma distante ilha do Pacífico ou a um isolado grupo africano. Embora não more mais no bairro, frequento-o regularmente, visitando amigos, indo a livrarias, cinemas, médicos, restaurantes etc. Pergunto-me constantemente sobre o que tem mudado no bairro nos últimos dez anos. Obviamente, sua população continuou crescendo, o comércio está ainda mais desenvolvido, há cada vez mais "recursos". Por outro lado, criou-se uma grande área de lazer, com o calçadão aliviando, em parte, o "sufocamento" de que muitos de meus informantes se queixavam. Anuncia-se um parque no final do posto 6, limite com Ipanema, área anteriormente pertencente ao Exército. Com isso estariam sendo tomadas providências para melhoria da "qualidade de vida" da área.

Quanto ao significado propriamente simbólico do bairro, parece que, para consideráveis segmentos das camadas médias, continua funcionando como vigoroso polo de atração. Mas, evidentemente, o bairro tem limites, inclusive físicos, fazendo com que tenha diminuído, proporcionalmente, o lançamento de prédios residenciais. Nos últimos anos construíram-se mais prédios comerciais e, especificamente, grandes hotéis. A expansão para Ipanema e Leblon tem continuado, provocando algumas transformações semelhantes às que ocorreram em Copacabana nas décadas de 50 e 60, mas encontrando a resistência de outros interesses já mais solidamente estabelecidos naqueles bairros. A crescente "consciência ecológica" e a luta pela "qualidade de vida" têm mobilizado moradores mais combativos de Ipanema e Leblon em defesa de seus bens naturais e simbólicos. Assim, a anunciada demolição da igreja Nossa Senhora da Paz, para construção de um grande prédio, foi impedida por forte reação dos moradores. Em outros bairros da Zona Sul, como no Jardim Botânico, no caso dos prédios construídos ao lado do Parque Lage, tem havido mobilização de grupos preocupados com a defesa de um patrimônio ecológico-cultural. É claro que estamos sempre assistindo a um embate entre duas visões – uma que defende o "progresso" a qualquer custo, vendo quaisquer limitações para a indústria de construção civil como entraves ao crescimento do país, gerando desemprego etc. Esses interesses manipulam a ideia de um Brasil moderno, novo, acusando de retrógrados e elitistas as pessoas e os grupos que criticam essa tendência.* Estes, por sua vez, não só defendem o que consideram um patrimônio, mas, com maior ou menor consciência, insistem na tecla de que os moradores dos bairros devem ser ouvidos e suas opiniões respeitadas em relação às transformações que ali ocorram, quer em termos de especulação imobiliária, quer com relação a obras públicas. A primeira visão enfatiza, demagogicamente ou não, que o que é bom e belo na cidade deve ser compartilhado pelo maior número possível de cidadãos, e não permanecer como propriedade exclusiva de uma pequena elite. Já a segunda chama atenção para o fato de que o que é bom e belo está sendo destruído pela ocupação voraz e irracional da cidade. De qualquer forma, permanece o tema da escassez de bens e recursos urbanos, altamente concentrados em certas partes da cidade, fazendo com que haja realmente uma disputa pelos locais privilegiados.

A problemática da parte sul da Zona Sul – São Conrado, Barra, Recreio dos Bandeirantes etc. – é um tanto diferente devido jus-

* Sobre isso, ver a dissertação de mestrado de Márcia Nunes apresentada ao Programa de Pós-Graduação em Antropologia Social – "Anões contra Gigantes, O Movimento de Defesa da Ecologia no Bairro da Gávea – Rio de Janeiro".

tamente à escassez de serviços básicos e particularmente ao problema de transporte, agravado pela distância. Sem dúvida, já há um deslocamento da indústria de construção civil para essa área, fazendo com que haja um rápido crescimento de sua população. Há toda uma polêmica sobre até que ponto o plano de ocupação da região está sendo ou será realmente respeitado e discute-se também o relativo isolamento das populações ali estabelecidas. Mas é indiscutível que aparece como uma séria alternativa para apreciáveis segmentos das camadas médias e médias altas. Como chamava atenção em edições anteriores deste trabalho, permanece inalterável, em todas essas transformações, a oposição básica Zona Sul × Zona Norte, com o forte contraste em termos de recursos e bens urbanos, materiais e imateriais, mantendo a segunda, de um modo geral, como uma área nitidamente desprivilegiada.

Algumas pessoas criticaram *A utopia urbana* pelo fato de a pesquisa ter sido feita em um prédio apenas. Ora, essa é uma crítica antiga a que os antropólogos já deveriam estar acostumados. No entanto, creio que cabe sempre lembrar que um estudo de caso não pretende, necessariamente, encontrar o *típico* ou o *médio*, mas sim, por meio de um trabalho mais demorado e intensivo, perceber mecanismos e estratégias socioculturais difíceis ou impossíveis de serem captados através de grandes amostragens de enormes universos. De qualquer forma, nunca pretendi chegar a conclusões definitivas sobre o *copacabanense*, mas sim investigar um segmento particular – a camada média "baixa", *white-collar*, com fortes aspirações de status em uma sociedade hierarquizada como a brasileira. Nesse sentido, *A utopia urbana* volta-se para o estudo da *visão de mundo* e do *ethos** de um grupo social particular, preocupado que estava não só em perceber uma *racionalidade*,

* Ver GEERTZ, Clifford, *The Interpretation of Cultures*, Basic Books, Nova York, 1973. (Publicado por esta editora, sob o título *A interpretação das culturas*.)

mas também em captar um tom, uma maneira de ser, um estilo de vida.

Creio ser por isso que o livro, com suas imperfeições, continua sendo solicitado e procurado em diversas áreas do trabalho e conhecimento.

GILBERTO VELHO
Rio, fevereiro de 1978

Bibliografia citada

"A nova Copacabana", em *Revista de Engenharia do Estado da Guanabara*, julho-setembro de 1969.

BOTT, Elizabeth, *Family and Social Network*, Tavistock Publications, Londres, 1957.

DURKHEIM, Émile, e MAUSS, Marcel, "De quelques formes primitives de classification", em MAUSS, Marcel, *Essais de Sociologie*, Éditions de Minuit, Paris, 1966 e 1969.

FIRTH, Raymond, *Elements of Social Organisation*, Londres, Watts, 1951.

____, *Tykopia Ritual and Belief*, Beacon Press, Boston, 1967.

GEIGER, Pedro Pinchas, *Evolução da rede urbana brasileira*, Centro Brasileiro de Pesquisas Educacionais, Rio de Janeiro, 1963.

GOFFMAN, Erving, *Stigma, Notes on the Management of Spoiled Identity*, Prentice-Hall, Inc., Englewood Cliffs, N.J., 1963.

LAWE, Paul-Henri Chombart de, "Hypothèses sur la Genèse et le Rôle des Aspirations et des Besoins dans les Sociétés du XXème Siècle", *América Latina*, Ano 12, nº1, janeiro-março de 1969, Rio de Janeiro.

MILLS, C. Wright, *A nova classe média*, Zahar Editores, Rio de Janeiro, 1969.

MITCHELL, J. Clyde, "Theoretical Orientations in African Urban Studies", em *The Social Anthropology of Complex Societies*, org. por Michael Banton, A.S.A. Monographs 4, Tavistock Publications, 1966.

O Globo, 15 de agosto de 1970.

O Cruzeiro, 5 de julho de 1972.

PEREIRA, Luís, "Urbanização e Subdesenvolvimento", em *Urbanização e Subdesenvolvimento*, org. de Luís Pereira, Coleção Textos Básicos de Ciências Sociais, Zahar Editores, Rio de Janeiro, 1969.

VASCONCELOS, Marcos, "Copacabana: outra vez ou nunca mais?", em "Jornal de Arquitetura", *Tribuna da Imprensa*, 19 de junho de 1968.

VELHO, Gilberto e Yvonne, "O Barata Ribeiro 200", datilografado, 1969.